戦争犯罪と法

戦争犯罪と法

多谷千香子

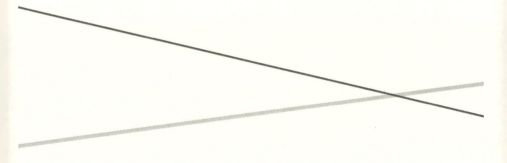

岩波書店

はしがき

　本書は，筆者が旧ユーゴ国際刑事裁判所の判事をしていた当時，戦争犯罪や戦犯裁判について文献を調べたメモをもとにして，大幅に加筆したものである．加筆して本として出版したいと思ったキッカケは，次のような一般の疑問に答えたいと考えたからである．

　第1の疑問は，敗戦当時の「一億総懺悔」の言葉に示されるように，「戦争や民族紛争は，国家や民族が一丸となって戦うものだから，全員が責任を負って反省すべきではないのか」というものである．

　なるほど，太平洋戦争当時，敵国の民間人を殺害したり拷問したりしたのは戦線に駆り出された兵隊であり，そのような戦争遂行を鼓舞したのは学校や町内会であって，戦犯とされる軍人や政治家と同罪であるような感じもしないではない．

　ところで，筆者の脳裏に焼きついて離れない2枚の写真がある．一つは，幼い姉が嗚咽しながら弟を抱き寄せているボスニア紛争当時の写真であり，もう一つは，茫然自失した女性が虚空を仰いでいるルワンダ紛争当時の写真である．どちらも，全体ににじみ出た，怒りを超えた深い悲しみが心に染み入るようであった．彼らが被害者であることに疑問を持つ者はいないであろう．戦いの前線で敵軍に刃を向けた兵隊も，後方で戦いを支援した者たちも，やむを得ず時代の流れに従った者が多いと思われ，民間ターゲットにまで攻撃をしかけた兵隊や積極的に戦争遂行を後方支援した者は，少数者であろうと思われる．それに，このような少数者も，正確な情報を知らされず，むしろ嘘の情報で操られ，政策決定の舵をとる責任ある立場にはなかった者たちであって，多くの情報を握り政策決定の責任ある立場にあった戦犯とされる者とは，自ずから責任の性質と度合いに差があるのは当然であろう．とくに，冷戦後，世界各地に広がる民族紛争では，戦犯の権力や富に対する利己的な動機が，紛争を引き起こし拡大させている元凶と思われ，この点については，拙著『「民族浄化」を裁く』(岩波新書)に書いたとおりであって，戦犯と被害者の彼此の区別は優に可能なの

である．

　第2の疑問は，「戦犯処罰によって「法の支配」を打ち立てるなどというのは，ナイーブな空想ではないのか」というものである．戦争や紛争の予防は，人類の永年の夢であり，様々な試みがなされて失敗を繰り返してきたことは周知のとおりである．武力にものを言わせた「力の支配」は，紛争の火を当面鎮火できる場合もあるが，現在の世界の状況では公正な武力介入は難しく，国家エゴに歪められた力の行使は，将来の恒久的平和に貢献できないばかりか，新たな紛争の火種を撒き散らすことにもなりかねない．戦犯裁判は，戦犯の利己的動機の実現を不可能にさせて，これを一般に知らしめ，「力の支配」に替えて「法の支配」を打ち立て，将来の紛争予防に資そうというものである．このような試みは，第一次世界大戦後から始まり，今日に至っても，未だヨチヨチ歩きの状態で，決して完全なものではない．しかし，「力の支配」に替えて「法の支配」を打ち立てることは，パラダイム＝座標軸の転換であって，永年にわたり育ててゆく努力の積み重ねが必要なことは多言を要しないであろう．どのような苦難があろうとも，もし，「法の支配」が打ち立てられれば，紛争の恒久的な予防手段として役立つのではないだろうか．

　第3の疑問は，「戦争や紛争は，所詮，殺害と破壊によって勝敗を決するものであり，ことさらに戦争犯罪をあげつらう必要があるのか」というものである．なるほど，戦時には殺害や破壊が許されるが，それは，あくまでも敵軍や軍事ターゲットに対してである．平時の善悪の価値観が完全に逆転してしまうわけではなく，戦争には戦争のルールがあり，戦時といえども，人道的観点から保護しなければならない者も存在する．戦争犯罪とは，戦争のルールや国際人道法に違反する重大な行為，例えば，捕虜を使った人体実験や民間人の大量虐殺などであって，戦闘行為として許される行為との間に一線が画されることに異論はなかろう．

　ところで，2006年は，東京裁判から60年目に当たり，靖国問題ともからんで，戦犯裁判が新聞紙面をにぎわした．本書は，国際刑事裁判を学ぶ限られた読者だけでなく，このような戦争関連記事に興味のある一般の読者を広く対象にしたものである．本書が読者の疑問にどれだけ答えられたかは，読者に聞くほかないが，本書が，多少なりとも，読者の理解に資するところがあれば，筆

者の望外の幸せである．

　なお，文字を小さくして組んだところは，資料的な部分や法律プロパーの議論に関する部分で，一般の読者は読み飛ばしていただいてもかまわないところである．また，参考文献は主に公開の裁判資料であり，主要なものは旧ユーゴ国際刑事裁判所の多数の判決書に脚注として載せられているので，本書では省略することにした．

　本書が完成したのは，企画から校正まで，岩波書店編集部の佐藤司氏のご指導ご尽力によるところが大きく，ここに改めて謝意を表する次第である．

　2006年晩秋

旧ユーゴ国際刑事裁判所元判事　多谷千香子

目 次

はしがき

第1章 20世紀の戦争と国際刑事裁判
第1節 はじめに …………………………………………………… 1
第2節 第一次世界大戦後のドイツ戦犯の裁判 ………………… 2
第3節 第二次世界大戦後の戦犯裁判 …………………………… 4
(1) ニュルンベルク裁判と東京裁判の功績 ………………… 4
(2) ニュルンベルク裁判と東京裁判に対する批判 ………… 6
　（ⅰ）事後法　6
　（ⅱ）勝者の裁判　8
第4節 その後の国際刑事裁判 …………………………………… 13
(1) 旧ユーゴ国際刑事裁判所（ICTY）……………………… 13
　（ⅰ）ICTY設立の経緯　13
　（ⅱ）ICTYの活動と実績　19
　（ⅲ）ICTYに対する批判　23
(2) ルワンダ国際刑事裁判所（ICTR）……………………… 32
　（ⅰ）ICTR設立の経緯　32
　（ⅱ）ICTRの活動　33
第5節 国際化された国内刑事裁判所 …………………………… 33
(1) シエラレオネ特別法廷 …………………………………… 33
(2) カンボジア特別法廷 ……………………………………… 35
(3) コソヴォ特別法廷 ………………………………………… 36
(4) 東チモール特別法廷 ……………………………………… 37
(5) ICCと国際化された国内裁判所の関係 ………………… 38
第6節 国内特別刑事裁判所（イラク特別法廷）………………… 39

第2章 国際刑事裁判所（ICC）とは何か
第1節 設立の経緯 ………………………………………………… 43

第 2 節　捜査と管轄犯罪及び ICTY との違い ……………………… 44
　　(1) 捜査はどのように開始するか …………………………………… 44
　　(2) どのような犯罪を管轄するか …………………………………… 45
　　(3) ICC と ICTY の違い ……………………………………………… 46
　第 3 節　活動の現状 ……………………………………………………… 47
　　(1) コンゴ民主共和国の事件 ………………………………………… 47
　　(2) ウガンダの事件 …………………………………………………… 48
　　(3) スーダンの事件（ダルフール紛争） …………………………… 49
　第 4 節　ICC に対する各国の対応 …………………………………… 51
　　(1) 各国の対応 ………………………………………………………… 51
　　(2) アメリカの反対理由 ……………………………………………… 52
　　(3) アメリカの ICC 対策法 ………………………………………… 55
　　　（i）「ハーグ襲撃法」　55
　　　（ii）98 条合意＝アメリカ人不引渡しの合意　55

第 3 章　戦争犯罪とは何か
　第 1 節　国際的な刑事裁判所が管轄する犯罪 ……………………… 59
　第 2 節　戦争犯罪とは何か …………………………………………… 59
　第 3 節　伝統的な戦争犯罪 …………………………………………… 62
　　(1)「1949 年のジュネーヴ四条約の重大な違反の罪」と
　　　「戦争の法規及び慣習に違反する罪」の内容と起源 ………… 62
　　(2) いつから国際慣習法となったのか …………………………… 63
　　(3) ICC の規定 ……………………………………………………… 65
　　(4) 伝統的な戦争犯罪についての ICTY の判例 ………………… 71
　　　（i）ドブロヴニク破壊事件　71
　　　（ii）サライェヴォ青空市場迫撃事件　73
　第 4 節　人道に反する罪 ……………………………………………… 80
　　(1) どのようにして生まれたのか ………………………………… 80
　　(2) 人道に反する罪とは何か ……………………………………… 81
　　(3) 他の罪との違い ………………………………………………… 83
　第 5 節　ジェノサイドの罪 …………………………………………… 83
　　(1) どのようにして生まれたのか ………………………………… 83

(2) ジェノサイドの罪とは何か ………………………………… 84
　(3) ICTR 及び ICTY の判例 ……………………………………… 86
　　（ⅰ）レイプをジェノサイドの手段と認めた
　　　　アカイエス事件　86
　　（ⅱ）スレブレニツァのモスリム人大虐殺事件　88
　　（ⅲ）ブルダニン事件　93
第6節　戦争犯罪の罪数関係 ………………………………………… 95
第7節　戦争犯罪に必要とされる故意は，どのようなものか ……… 97
第8節　平和に対する罪 ……………………………………………… 99

第4章　戦犯として処罰されるのは誰か

第1節　個人の直接責任 …………………………………………… 101
　(1) 個人の直接責任とコマンド責任 …………………………… 101
　(2) 犯罪集団（JCE）とは何か ………………………………… 101
　　（ⅰ）JCE の構成要件　102
　　（ⅱ）JCE の三つのタイプ　103
　(3) JCE の歴史的発展 …………………………………………… 105
第2節　コマンド責任 ……………………………………………… 107
　(1) コマンド責任とは何か ……………………………………… 107
　(2) コマンド責任の構成要件 …………………………………… 108
　(3) コマンド責任の歴史的発展 ………………………………… 111
　(4) コマンド責任が問われた事例 ……………………………… 115
　　（ⅰ）第二次世界大戦後の軍事法廷で山下奉文大将が
　　　　問われたコマンド責任　115
　　（ⅱ）東京裁判で広田弘毅首相が問われたコマンド責任　118
　　（ⅲ）ICTY でコマンド責任が問われた事例　119
　(5) JCE とコマンド責任の関係 ………………………………… 121
　(6) コマンド責任の今日的意義 ………………………………… 122
第3節　元首の責任 ………………………………………………… 123
　(1) 問題の所在 …………………………………………………… 123
　(2) 元首の刑事免責 ……………………………………………… 123
　(3) 元首の責任の歴史的発展 …………………………………… 124
　　（ⅰ）世界管轄を認める条約の採択　124

（ⅱ）国際的な刑事裁判所の世界管轄権の行使　126
　　（ⅲ）個別の国での世界管轄権の行使　127
　第4節　上官命令の抗弁 ………………………………………… 133
　　(1)　上官の違法な命令に従った部下の責任………………… 133
　　(2)　上官命令の抗弁についての規定 ………………………… 134
　　　（ⅰ）ICTY Statute　134
　　　（ⅱ）ICC Statute　134
　　(3)　上官命令の抗弁の歴史的発展 …………………………… 135
　　(4)　他の抗弁との関係 ………………………………………… 138
　　(5)　上官命令の抗弁の今日的意義 …………………………… 140

第5章　付論：NATO爆撃は人道的介入か
　第1節　人道的介入とは何か …………………………………… 143
　第2節　ラチャック事件とは何か ……………………………… 143
　　(1)　ラチャック事件の報道 …………………………………… 143
　　(2)　背景と端緒 ………………………………………………… 145
　　(3)　ラチャック事件はどのように取り扱われたか ………… 146
　第3節　隠れた真の目的はなかったのか ……………………… 147
　　(1)　西側のミロシェヴィッチに対する見方 ………………… 147
　　(2)　NATO爆撃はどのように行われたか …………………… 150
　　(3)　目的は達せられたか ……………………………………… 151
　第4節　ラチャック事件の主要な証人の証言要旨 …………… 153

資　料 ……………………………………………………………… 159
　国際軍事裁判所条例（ニュルンベルク条例）…………………… 160
　極東国際軍事裁判所条例（東京条例）…………………………… 162
　ニュルンベルク条例及びニュルンベルク裁判で認められた
　　国際法の一般原則1950年（ニュルンベルク原則）…………… 163
　旧ユーゴ国際刑事裁判所（ICTY）設立規程 …………………… 165
　国際刑事裁判所（ICC）設立規程 ………………………………… 168

条文索引 …………………………………………………………… 184

第1章　20世紀の戦争と国際刑事裁判

第1節　はじめに

　20世紀は,「虐殺の世紀」,「弱肉強食の世界」と言われる．しかし, 20世紀は同時に, 過去の戦争を「忘却」して将来を築くことは不可能であり, 戦争犯罪を「清算」することによって将来二度と再び同じような犯罪が繰り返されることのないよう防止する「法の支配」を確立しようとした「非戦の世紀」でもあった．

　20世紀初頭, 日露戦争が始まる前の1900年, 満州に進出しようと軍需品を満載してアムール河を航行するロシア船と黒竜江省に駐屯する清国兵隊との間のトラブルを契機に発生したアムール河流血事件では, 多数の清国民間人が虐殺された. 日露戦争に備えて諜報活動をしていた石光真清によれば,「老若男女を問わぬ惨殺死体が筏のように黒竜江の濁流に呑み込まれた」という. 第一次世界大戦中には, トルコ軍による自国内の少数民族アルメニア人約150万人の虐殺が行われた. 第二次世界大戦中に起こったアウシュヴィッツ強制収容所でのユダヤ人大量虐殺は, とくに有名であり, 同収容所だけでも約150万人のユダヤ人が殺された. 戦後の冷戦下でも, カンボジアでは, ポル・ポト政権によって都市住民やインテリの大虐殺が行われ, 国民の約2割に当たる約170万人が虐殺や飢餓の犠牲になった. 冷戦が終結してからも, 1992年春から1995年12月のデイトン合意による停戦成立まで, ボスニアで吹き荒れた民族浄化は, ボスニアの人口の約半分を先祖代々住みなれた故郷から追放し, 約25万人を殺戮の犠牲にした. ノーベル文学賞を受けたイヴォ・アンドリッチの小説『ダリーナ橋』で名高いダリーナ川は惨殺死体の血で赤く染まり, 20世紀はじめに起こったアムール河の流血事件を想起させ, 時代が下っても何も進歩しない現実を見せつけるものであった.

　このような過去から脱却し,「法の支配」を打ち立てて, 将来二度と再び同じような犯罪が繰り返されることのないよう防止しようという試みは, 第一次

世界大戦後に始まった．それまでは，過去を忘却して将来の和解に向けた努力が積み重ねられてきたが，人類は，将来の和解と平和建設のためには，戦犯を処罰して「法の支配」を打ち立てる以外に有効な方法がないことを歴史的経験によって学んだのである．

戦犯は，自爆テロの犯人のように，死を覚悟した確信犯ではない．ヒットラーは，第一次世界大戦中のトルコ軍による少数民族アルメニア人150万人の虐殺にふれて，「これを今いったい誰が問題にしているだろうか」と自問自答し，「法の支配」を打ち立てられない国際社会を嘲笑したという．それが彼をしてユダヤ人虐殺に踏み切らせる一因になったであろうことは想像に難くない．また，ミロシェヴィッチも，旧ユーゴ国際刑事裁判所(International Criminal Tribunal for the former Yugoslavia．以下，ICTYという)設立が話し合われた国際会議で，積極的に賛成の態度を示した．それは，彼が，デイトン合意まで，西側諸国の仲介する和平交渉の相手方として国際舞台で活躍していたため，彼にとってICTYは「絵に描いた虎」にすぎず，「まさか自分をターゲットにしてICTYが動きだすことはない」と考えていたためであろう．このように，戦犯は，自分は法による処罰の枠外にあると考えて，自己の権力基盤の拡大を図る者が大部分であり，その他は，本来，全力を尽くして戦争犯罪を防止すべき地位にありながら，時流に押し流されて期待される防止行為を充分に行わない，責任放棄をする者である．

権力への野望に取り付かれた戦犯の末路が，獄につながれることであり，積極的に戦争犯罪を命令・実行しなくても，期待される行為をとらず責任を放棄した者もまた戦犯として処罰されることが明らかになれば，人は戦犯裁判の経験に学んで，同じような犯罪を繰り返すことを差し控え，将来の戦争犯罪を防止できるのではないだろうか．

第2節　第一次世界大戦後のドイツ戦犯の裁判

第一次世界大戦後，1919年1月25日の平和条約予備交渉で，ドイツ及びその同盟国の戦争犯罪について連合国としての対応を協議するため，「戦犯の責任及び処罰に関する委員会」(Commission on the Responsibility of the

Authors of the War and on Enforcement of Penalties. 通称，15人委員会）が設けられた．同委員会は，国際法違反の罪を犯した者として，捕虜を虐待した者，戦争の指揮官，戦争の法規及び慣習違反を命令した者又は見逃した者（＝コマンド責任），その他，国際法廷で裁くことが適当な者という四つのタイプを想定し，戦犯を連合国が裁くための国際法廷を作ること，文明国に共通する法の一般原則を適用すること，量刑は連合国及びドイツの慣行によって決めることを内容とする報告書を作成した．同委員会は，トルコ軍による150万人にも上る自国内の少数民族アルメニア人の虐殺を，人道に反する罪として取り上げようとしたが，同委員会のアメリカ及び日本の代表は，人道に反する罪の導入に反対し，コマンド責任についても，「これを認めれば，国家元首が敵国の裁判にかけられることになる」として反対した．アメリカは，国際法廷の設置そのものにも，前例がないとして反対した．

そのためヴェルサイユ条約の内容は，刑罰（penalties）という標題で227条から230条を当て，国際法廷でドイツ戦犯を裁くことを予定していたが，アメリカなどの反対を考慮して同委員会の多数意見よりもマイルドなものになった．

ヴェルサイユ条約227条から230条の概要は，以下のとおりである．

227条 ドイツ皇帝を裁く米・英・仏・伊・日の裁判官からなる特別法廷を創設する．オランダに皇帝の引渡しを要求する．

228条 ドイツは，戦争の法規及び慣習に違反した戦犯を，連合国が軍事法廷で裁く権利を認め，戦犯を引き渡す．

229条 連合国の一国の国民に対して戦争犯罪を犯した戦犯は，当該国の軍事法廷で裁かれ，複数国の国民に対して戦争犯罪を犯した戦犯は，関係国で構成される軍事法廷で裁かれる．いずれの場合も，被告人は，弁護人をつける権利を有する．

230条 ドイツは，捜査・裁判に必要なすべての証拠・資料・情報を提供する．

ヴェルサイユ条約を実施してドイツ戦犯を裁くため，連合国は，1920年2月3日，901人の戦犯リストをドイツに示した．この中には，傷病兵を含めて捕虜を殺害するよう命令したとされるシュテンガー将軍などが含まれていた．しかし，ドイツは，戦犯リストが提示される前の1920年1月25日，国際法廷ではなく，ドイツのライプチヒ最高裁で戦犯を裁くことを対案として提示し，

戦犯を国内で裁くための国内法も1919年12月13日に整備していた．

そこで，連合国は，1920年5月にドイツ提案に合意することとし，ライプチヒ最高裁での戦犯裁判は，1921年5月23日に始まった．連合国からは，戦犯として45人がとくに名指しされたが，Uボートでイギリスの病院船ランドヴェリーを警告なしに攻撃・放火し，生き残った者の乗ったライフボートも沈めたとされるPatzig司令官など多くの戦犯が，行方不明などの理由で裁判を受けなかった．ランドヴェリー事件では，Dithmar中尉とBoldt中尉だけが罪に問われた．裁判を受けたのは13人にとどまり，そのうち6人が有罪で，拘禁刑4年が2人，拘禁刑2年が1人，拘禁刑10ヵ月が1人，拘禁刑6ヵ月が2人という軽い刑が科された．シュテンガー将軍は裁判を受けたが，無罪になった．

この裁判結果については，中立を侵されて多くの犠牲者を出したベルギー，フランスが不満を示した．しかし，オブザーバーとして参加していたこれらの国がライプチヒを離れた後，ドイツは，その他の約800人の戦犯の裁判を途中で打ち切った．そこで，連合国はヴェルサイユ条約228条に基づき，ドイツに戦犯の引渡しを求めたが，ドイツではこれに抗議する集会が開かれ，要求は拒まれたままで終わった．

有罪になった者も，刑務所には送られず自宅軟禁ですまされ，自宅軟禁も理由不明のまま間もなく解かれてしまった．

第3節　第二次世界大戦後の戦犯裁判

（1）ニュルンベルク裁判と東京裁判の功績

ニュルンベルク裁判は，1945年8月8日の英・米・仏・ソ連の「ヨーロッパ枢軸諸国の主要戦争犯罪人の訴追と処罰のための協定」（いわゆるロンドン協定）によって設置され，東京裁判は，ロンドン協定を模した1946年1月19日の連合国軍最高司令官マッカーサーの「極東国際軍事裁判所設置に関する命令」に基づいて設置された．

国際軍事法廷を作って戦犯を処罰したことは，第一次世界大戦後のヴェルサイユ条約が国際軍事法廷での戦犯裁判を予定しながら実現できなかったことを

実現した点，及び日独の戦争指導者を裁判によらず即決処刑すべしという主張もあったが，これを退け，ともかくも裁判を実現した点で一つの進歩であった．

　イギリスのチャーチル首相は「ドイツ戦犯は即決処刑により銃殺すべし」との意見であり，アメリカもイギリスに同調していた．これに対して，ドイツ降伏前から，戦犯裁判を主張していたのは，ソ連である．しかし，ソ連の主張した戦犯裁判は，スターリンの下で行われた裁判がそうであったように，show trial であって，はじめから結論の決められた見世物としての裁判にすぎなかった．ニュルンベルク裁判で裁判官を務めたソ連出身のニキチェンコは，ニュルンベルク裁判の被告人がすべて有罪であり，絞首刑に処すべきことを裁判開始前から公に言明していた．

　ところで，ソ連は，特別委員会(正式には，Soviet Extraordinary State Commission for Ascertaining and Investigating Crimes Perpetrated by the German-Fascist Invaders and their Accomplices)を設置し，とくにナチスによるソ連侵攻後のドイツ戦犯の証拠について，積極的に証拠を集めていた．それが，ソ連の意図する見世物としての裁判とは裏腹に，ニュルンベルク裁判をより公正な裁判にするのに役立った．ソ連は，1939年8月23日にドイツと相互不可侵条約を結び，同年9月1日のナチスによるポーランド侵攻を助け，9月17日にはソ連自身が，ロシア人やウクライナ人の保護を名目に東ポーランドに侵攻し，カチンの森事件(＝ポーランド人将校1万5000人の虐殺事件)を犯した．ニュルンベルク裁判では，ソ連出身の検察官が，カチンの森事件をナチスの犯罪に仕立てて立件しようとしたが成功せず，起訴は取り下げられた．

　1990年，ゴルバチョフ大統領は，カチンの森事件は，スターリンの命令でソ連軍が犯した事件であることを認めた．

　また，裁判という形式をとらなければ集められなかったであろう機密文書を含む膨大な証拠，証人の証言が集められ，裁判は，充分とは言えないものの，敗戦前の政治のあり方や歴史的真実を国民に示す役割を果たした．例えば，東京裁判の審理は約2年半行われ(1946年5月開廷，1948年11月判決)，416回の公判を開廷して証人419人，証拠書類4336件が取り調べられた．

　戦犯は，必ずしも厳密な意味で刑事責任を問える者ばかりではなかった．しかし，これらの者も含めて，政治的な指導者の立場にあり，そのような者として，無謀な戦争に突入するのを身を賭して防止すべきでありながら，職務上期待された責任を十二分に果たさなかった．その意味で，戦犯は，戦地に赴き，

指導者の無為無策をのろいつつ,野垂れ死にさせられた多くの兵士とはもちろん,正確な情報を与えられず,政治的指導者に洗脳されて戦争を鼓舞した者とも区別されるべきであろう.裁判は,戦争前から戦争中にかけての指導者のこのような政治的責任を明らかにする上で,役立った.

無罪論を展開した後述するインドのパル判事も,国際刑事法の観点から法理論的な主張をしたのであって,政治的免罪を主張したのではない.また,中国が戦後の賠償請求権を放棄した裏には,戦犯と一般の日本国民とを区別し,一般の日本国民も戦争の被害者であるとして,中国国民を納得させた経緯があることも忘れてはならない.

しかし,何といっても,東京裁判とニュルンベルク裁判の大きな功績は,その後の国際法の発展に寄与したことであろう.当時,事後法として批判された人道に反する罪は,ニュルンベルク原則に取り入れられ,国際法の一般原則として認められた.そして,国際人道法の分野で,戦後,多くの条約が作られた.つまり,1948年にはジェノサイド禁止条約,1949年にはジュネーヴ四条約,1968年には戦争犯罪及び人道に反する罪に対する時効不適用条約,1977年にはジュネーヴ条約追加議定書がそれぞれ採択された.

「コマンド責任」(107頁以下参照)も,ジュネーヴ条約追加議定書に規定され,ICTY(旧ユーゴ国際刑事裁判所)設立当時には,国際慣習法として確立するに至ったものである.

そして,ICTYやICTR(ルワンダ国際刑事裁判所),さらにICC(国際刑事裁判所)も突然に設立されたのではなく,ニュルンベルク裁判や東京裁判には問題があったにせよ,その経験が,それらの設立を可能にした点を見逃してはならない.

(2) ニュルンベルク裁判と東京裁判に対する批判
(i) 事後法
ニュルンベルク裁判や東京裁判が対象にした犯罪は,国際軍事裁判所条例(以下,ニュルンベルク条例という)及び極東国際軍事裁判所条例(以下,東京条例という)で定められたが,ICTYと違い,当時,未だ国際慣習法として定着していない新たな犯罪を含んでいた.新たな犯罪を作り出したことについて,

戦勝国は、「文明世界によって認められてきたことである．それ自体が国際法に対する貢献である」という見解をとった．それは、戦勝国の被占領地域に対する立法権の行使というべきものであった．

その最も顕著な例が、「平和に対する罪」の創設である．平和に対する罪は、侵略戦争を開始した責任を個人の犯罪とするものである．当時、侵略戦争が違法であることは確立していたものの、国家責任(賠償責任)の問題としてとらえられていたにすぎなかった．

それに、国家責任(賠償責任)との関連での侵略の定義も難しく、1974年の国連総会に至って、やっと国際的合意(総会決議3314)を見たにすぎない．1998年に設立された国際刑事裁判所(International Criminal Court. 以下、ICCという)も、個人の犯罪として、平和に対する罪を設けることには成功したものの、侵略(aggression)を定義するには至らず、中身は白紙のままで、現在でも課題を将来に残したままなのである．

とくに、東京裁判では、第二次世界大戦に至る1928年から1945年までの一連の紛争・事変が、戦争の計画・開始・遂行に当たるとして、平和に対する罪に問われた．また、開戦のルールに反し、宣戦の布告なしに真珠湾攻撃をしたという理由で、戦争による戦闘員の殺害も、平和に対する罪とは別の犯罪として付け加えられた．例えば、開戦時の真珠湾攻撃によるキッド海軍少将及び将兵約4000人の殺害、開戦直後の香港及び上海不法攻撃によるイギリス軍人の殺害などである．不法な攻撃の結果は別罪を構成する、というのがその理由である．

ところで、「人道に反する罪」については、それが初めて言葉として登場したのは、トルコの少数民族アルメニア人虐殺に対して出された1915年の英・仏・露共同宣言にまで遡ることができる．しかし、第一次世界大戦後の平和条約予備交渉で議論されたものの、合意が得られず、第二次世界大戦当時には、未だ、国際慣習法上、人道に反する罪についての明確な定義はなかった．それにもかかわらず、連合国は、当時、国際慣習法として認められていた1907年のハーグ陸戦法規や1929年のジュネーヴ条約では無国籍者や戦犯と同じ国籍を有する被害者を保護できないことを考慮して、人道に反する罪を創設し、ニュルンベルク裁判やBC級戦犯裁判で適用した(東京裁判の適用罪名は、①平

和に対する罪＝東京条例5条(a)，②殺人及び殺人共同謀議の罪(②-(1)宣戦布告前の攻撃による殺人，7頁参照，②-(2)宣戦布告の前後を問わず捕虜及び民間人の殺害．東京条例5条(b)＝ニュルンベルク条例6条(b)と同じで，同条の内容・起源については63～64頁参照)，③戦争の法規及び慣習に違反する罪＝東京条例5条(b)である．人道に反する罪は東京条例5条(c)に定められているが，東京裁判では適用されなかった)(BC級戦犯とは東京条例5条(b)戦争犯罪，5条(c)人道に反する罪で裁かれた戦犯のこと)．連合国は，このようなギャップを埋めるのは正当であり，国際法に対する貢献であるとする立場をとった．人道に反する罪の創設は，従来の国際慣習法で抜けている穴を埋め，自国軍による自国の少数民族虐殺など，実質的には同じように保護されて然るべき者に保護を広げた点で，平和に対する罪を創設したのに比べると，それほどの非難には値しない．しかし，人道に反する罪も，事後法であり，刑事法の基本的な要請である罪刑法定主義に反するとの批判をあびることになった．

　さらに，とくに東京裁判では，戦場が太平洋を囲む広域にまたがり，指揮命令を跡付けることが困難なため，部下の戦争犯罪を見逃した上官の不作為責任（コマンド責任）が多用された．コマンド責任も人道に反する罪と同様に，第一次世界大戦後に設けられた「戦犯の責任及び処罰に関する委員会」で議論されたことはあるものの，認められなかった．当時は，コマンド責任は国際慣習法として成立しておらず，それが成立するにはジュネーヴ条約追加議定書の採択を待たなければならなかった．しかも，東京条例そのものにも，コマンド責任は明記されておらず，適用すべき事後法すらなかったとも言えるのである．それにもかかわらず，不作為責任は，各国刑法に共通して認められる概念だとして東京裁判で適用された．コマンド責任は，訴因55として起訴されたが，これを免れたのは，白鳥敏夫と大川周明の2人だけだった．

（ii）　勝者の裁判

　東京裁判では，一般市民がターゲットになった東京大空襲はもちろん，22万5000人に上る犠牲者を出したヒロシマとナガサキの原爆投下の責任は問われなかった．ニュルンベルク裁判でも同様に，連合国も同罪ではないかという抗弁を出すことは認められなかったし，2万人以上の市民が犠牲になったドレ

スデン大空襲の責任は不問に付された．ドイツ軍は，担当部局を設けて，連合軍の戦争犯罪の証拠収集を行っていたが，証拠収集された事件のうち一つとして連合国で取り上げられたものはなかった．東京裁判もニュルンベルク裁判も勝者の裁判でしかなかったのは明らかである．

　また，裁判官や検察官の構成についても，戦勝国が主導した点は不公正だとし，中立国出身者によるべきだったという批判もある．しかし，この点については，裁判官個人の姿勢の問題と言うべきであろう．批判は，当時の状況に照らして，戦勝国の姿勢がそのまま裁判官個人の姿勢に反映される危険が大きかった点を挙げていると見ることができる．

　さらに，連合国側の都合で起訴を免れた者もいる．例えば，関東軍防疫給水部隊（731部隊）による生体解剖や細菌の感染実験については，アメリカに実験結果を引き渡すかわりに戦犯の責任を問わないこととされ，また，第二次，第三次の東京裁判が予定され身柄を拘束されていた岸信介，児玉誉士夫，笹川良一ら約60人も，冷戦構造の深まりとともに釈放された．

　インドのパル判事は，東京裁判は勝者の裁判でしかなく，事後法で裁くことはできないとし，「平和に対する罪」の侵略の定義は困難で，日本の軍部や政治家が集団で計画的に侵略戦争を始めたとする「共同謀議」については立証されていないとして，全員無罪の反対意見を書いた．オランダのローリング判事も，死刑判決を受けた広田弘毅について，「軍事的な侵略を提唱した日本国内の有力な一派に賛成しなかった」として無罪を主張し，その他，終身ないし長期の禁固刑の判決を受けた重光葵，木戸幸一，東郷茂徳についても無罪の反対意見を書いた．また，戦史研究家児島襄によれば，キーナン検事も，重光葵については，平和主義者と認識し無罪と考えていたという．なお，A級戦犯のうち靖国神社に合祀されているのは，○印の戦犯及び公判中に死亡した松岡洋右（外相）と永野修身（海軍元帥）の合計14人である．

◈**東京裁判で裁かれたA級戦犯**（＝平和に対する罪を含む戦犯）**28人の判決内容，氏名，官職**

絞首刑7人
　○東条英機　　陸軍大将　開戦時の首相
　○板垣征四郎　陸軍大将　満州事変時の支那派遣軍総参謀長

○土肥原賢二　陸軍大将　奉天特務機関長
○松井石根　　陸軍大将　南京虐殺時の中支方面軍司令官
○木村兵太郎　陸軍大将　ビルマ方面軍司令官
○武藤　章　　陸軍中将　開戦時の陸軍省軍務局長
○広田弘毅　　首相　外相　駐ソ大使
終身刑16人
　荒木貞夫　　陸軍大将　陸相　陸軍皇道派の中心人物
　橋本欣五郎　陸軍大佐　大日本赤誠会統領
　畑　俊六　　陸軍元帥　支那派遣軍総司令官
○平沼騏一郎　首相　枢密院議長(服役中に獄死)
　星野直樹　　満州国総務長官　開戦時の東条内閣書記官長
　賀屋興宣　　開戦時の蔵相
　木戸幸一　　内大臣　昭和天皇に東条首相案を進言
○小磯国昭　　陸軍大将　首相　朝鮮総督(服役中に獄死)
　南　次郎　　陸軍大将　満州事変時の陸相　関東軍司令官　朝鮮総督
　岡　敬純　　海軍中将　開戦時の海軍省軍務局長
　大島　浩　　陸軍中将　駐ドイツ大使
　佐藤賢了　　陸軍中将　開戦後の陸軍省軍務局長
　嶋田繁太郎　海軍大将　開戦時の海相　海軍軍令部総長
○白鳥敏夫　　駐イタリア大使(服役中に獄死)
　鈴木貞一　　陸軍中将　企画院総裁
○梅津美治郎　陸軍大将　関東軍司令官　参謀総長(服役中に獄死)
禁固20年1人
○東郷茂徳　　駐ドイツ大使　駐ソ連大使　開戦時の外相(服役中に獄死)
禁固7年1人
　重光　葵　　駐イギリス大使　開戦後の東条内閣及び小磯内閣の外相
判決前に病死2人
　松岡洋右　　外相　日独伊三国同盟締結　日ソ中立条約締結
　永野修身　　海軍大将　軍令部総長
精神障害で免訴1人
　大川周明　　右翼思想家

　裁判官は、アメリカ、イギリス、フランス、ソ連、オランダ、中国、カナダ、

ニュージーランド，オーストラリア，インド，フィリピンの11カ国から各1人の合計11人で構成され，裁判長はオーストラリア連邦高等裁判所判事のウィリアム・ウェッブ，首席検事はアメリカのジョセフ・キーナンが務めた．

　戦争の法規及び慣習違反の罪（B級戦争犯罪）及び人道に反する罪（C級戦争犯罪）に問われたBC級戦犯は，連合国7カ国が各地につくった軍事法廷で裁かれた．その中で最も著名なのが，後述の山下奉文大将によるフィリピン人民間人の殺害・強姦等事件である．山下奉文に対する裁判は，アジア・太平洋アメリカ軍事委員会（the United States Military Commission in the Asia-Pacific）で1945年10月8日に始まった．BC級戦犯の裁判はこれが最初で，マヌス島のオーストラリア軍事法廷（Australian Military Court sitting at Manus Island）で1951年4月9日，オーストラリア人捕虜殺害事件について行われた裁判が最後である．これらの軍事法廷では，法務省司法法制調査部の資料「戦争犯罪裁判概史要」によれば，合計2244件の事件，5700人の戦犯が裁かれ，死刑984人（執行されたのは920人），無期475人，有期2944人，無罪1018人であった．裁かれた者の中には，朝鮮半島出身者148人（死刑23人），台湾出身者173人（死刑21人）が含まれている．

　他方，主要なドイツ戦犯を裁いたニュルンベルク裁判は，1945年11月に始まり，約9カ月の審理を経て，1946年9月30日と10月1日に判決が下された．ニュルンベルク裁判では，主要戦犯24人が起訴され，22人が最終判決を受け，12人が絞首刑，3人が無罪，その他が有期拘禁刑を宣告された．裁判官は，主要戦勝4カ国，つまりイギリス，アメリカ，フランス，ソ連から選ばれ，裁判長はイギリスのローレンス卿が務めた．

　ニュルンベルクでは，ニュルンベルク裁判の後にも，中〜小物の様々な戦犯の合計12事件の裁判が，1947年1月から1948年10月まで，アメリカによって行われた．これらの中には，ヒットラー時代の裁判官を被告人としたJustice事件，SS（ナチス親衛隊）のリーダーを裁いたSS事件，強制収容所で医療実験をした医者を裁いたConcentration Camp Medical事件，鉄鋼王を裁いたFlick事件，人質事件として知られるHostages事件，陸空軍の14人の将校を裁いたHigh Command事件などがある．

　また，フランス，アメリカ，ソ連のドイツ占領3カ国は，中〜小物の戦犯を

裁くため，ニュルンベルク条例に範をとって作られた管理理事会法律10号に則って，中〜小物の戦犯の裁判を行った．ただし，イギリスは，管理理事会法律10号がニュルンベルク条例と同じように，戦争の法規及び慣習に違反する罪のみならず，人道に反する罪や平和に対する罪を含んでいることを問題視し，戦争の法規及び慣習に違反する罪だけを適用して中〜小物の戦犯の裁判を行った．連合国戦争犯罪委員会の資料によれば，これらの裁判で，イギリスは937人(死刑230人，無罪260人)，アメリカは1672人(死刑299人，無罪256人)の戦犯を裁いた．

その他，チェコスロヴァキア，ユーゴスラヴィア，ポーランド，オランダ，ノルウェーなどの国内の軍事法廷でもドイツ戦犯の裁判が行われた．

※ニュルンベルク裁判で裁かれた主要なドイツ戦犯24人の判決内容，氏名，官職

死刑(絞首刑)12人
　　Martin BORMANN　死刑　ナチス書記長　HESSの後継者
　　Hans FRANK　死刑　占領地ポーランドの総督
　　Wilhelm FRICK　死刑　内務大臣
　　Joachim von RIBBENTROP　死刑　外務大臣
　　Alfred ROSENBERG　死刑　人種主義理論家　東部占領地域総督
　　Fritz SAUCKEL　死刑　ナチス奴隷労働計画全権
　　Julius STREICHER　死刑　反ユダヤ主義新聞の主幹
　　Hermann GÖRING　死刑　空軍大将(執行前に自殺)
　　Alfred JODL　死刑　全軍作戦部長
　　Ernst KALTENBRUNNER　死刑　保安警察機関長官
　　Wilhelm KEITEL　死刑　全軍作戦本部長
　　Arthur SEYSS-INQUART　死刑　オーストリア首相　占領地オランダの総督

無期3人
　　Rudolf HESS　無期拘禁刑　ヒットラーの副官
　　Walther FUNK　無期拘禁刑　経済大臣
　　Erich RAEDER　無期拘禁刑　海軍大将

有期4人
　　Baldur von SCHIRACH　拘禁刑20年　ヒットラー・ユーゲントの長

Konstantin von NEURATH　拘禁刑15年　1938年まで外務大臣，その後はボヘミアとモラヴィアの総督　1943年ヒットラーとの不和のため辞任
　　Karl DOENITZ　拘禁刑10年　ヒットラー死後のドイツ総統　Uボートによる攻撃を始めた海軍大将
　　Albert SPEER　拘禁刑10年　軍需大臣　ヒットラーの親友
無罪3人
　　Franz von PAPEN　無罪　1933年以降ヒットラーの下で副首相　トルコ大使
　　Hans FRITZSCHE　無罪　ナチス宣伝省のニュース局長
　　Hjalmar SCHACHT　無罪　戦前のドイツ銀行頭取兼経済大臣
その他2人
　　Gustav KRUPP von BOHLEN und HALBACH　ナチスに協力した主要な鉱工業企業家(精神病のため裁判中止)
　　Robert LEY　ドイツ労働戦線書記長(裁判開始前に自殺)

第4節　その後の国際刑事裁判

（1）旧ユーゴ国際刑事裁判所(ICTY)
（i）ICTY設立の経緯

　旧ユーゴ国際刑事裁判所(ICTY＝International Criminal Tribunal for the former Yugoslavia)は，1993年5月25日の国連安保理決議(以下，SC決議という)827によって設立された．設立のイニシャティブをとったのは，クリントン政権のアメリカであった．極悪犯罪に免罪を与えることによって，それが繰り返されるという悪循環から脱却するため，国際的な刑事裁判所を設けようという試みは，ずっと前から存在したが，成功しなかった．

　ところが皮肉なことに，ボスニア紛争を予防し，又は紛争の拡大を防止して和平を達成しようとする外交努力の度重なる失敗が，この永年の夢を現実に変えることになった．国際社会は，どのような外交を展開し，なぜそれが失敗して，ICTY設立に至ったのだろうか．

❖**第一の失敗——交渉による紛争の予防**

　旧ユーゴ崩壊の引き金をひいたのは，内部的要因を別にすると，1991年12月23日のドイツによるクロアチア独立の承認であることはよく知られている．ボスニア紛争は，それから雪崩を打つようにして始まったが，紛争を避ける最後のチャンスがないわけではなかった．

　それは，当時のEC(現在のEUの前身)からもたらされた，いわゆるリスボン合意である．ボスニアの独立が浮上してきたとき，ECの反応は，ヨーロッパの中にイスラム教国ができることに対する嫌悪と，難民が大量に押し寄せてくることに対する懸念という，きわめて自己中心的なものであった．しかし，同時にECは，紛争防止のための外交努力も惜しまなかった．ECは，1992年2月23日，リスボンで和平会議を開き，和平案を示したのである．ボスニアは，モスリム人44％，セルビア人31％，クロアチア人17％が対立し，どの民族をとっても過半数に至らず，またどの民族も無視できるほど少数でもない上，居住地域もモザイク状に入り組んでいるため，独立すれば三つ巴の紛争が泥沼化する恐れがあった．和平案は，ボスニアを独立国家として認めると同時に，民族ごとに三つの地域に分け，紛争予防軍を駐留させるというものであった．これには，ボスニア内のセルビア人勢力を代表するカラジッチも，モスリム人勢力を代表するイゼトベゴヴィッチも同意し，予想以上の成果をおさめた．

　しかし，このリスボン合意は，アメリカの後ろ盾を得たイゼトベゴヴィッチの翻意でつぶれてしまった．イゼトベゴヴィッチは，いったんはリスボン合意を了承したが，44％もいるモスリム人に与えられる土地が30％にすぎないことに内心不満であった．イゼトベゴヴィッチは「イヤイヤ呑まされた」と言って，ベオグラード駐在のアメリカ大使チンマーマンに泣きついた．チンマーマンは，了承を撤回するよう勧めた．それは，当時，アメリカがモスリム人勢力を支援していたこと，すでに旧ユーゴは融解現象を起こして中核がなくなっているという現状認識などをもとにしたもので，アメリカは，「セルビアがボスニアに触手を伸ばしてきても，いったん独立すれば，他国に対する干渉として抑制できる」と考えていた．

　ところで，そのようなアメリカの考え方は，クロアチア紛争時のアメリカの考え方からの180度の転換である．アメリカが態度を変えたのは，クロアチア

停戦が成立してUNPROFOR(国連保護軍)が展開すると、クロアチア人とセルビア人の緊張が一気に緩和していったからである。クロアチア停戦時、ドイツは、「セルビアがクロアチアに触手を伸ばしてきても、いったん独立すれば、他国に対する干渉として抑制できる」と主張し、アメリカなどの反対を押し切ってクロアチア独立に踏み切ったが、アメリカは、緊張緩和の現状を見て、ドイツの主張は正しかったと思うようになった。

　リスボン合意は、このようにして暗礁に乗り上げ、ボスニア紛争勃発へ大きく踏み出すことになった。しかし、仮に合意が最後まで維持されたとしても、ボスニア紛争を予防できたかは疑問である。なぜなら、ボスニアは、各民族の居住地域がモザイク状に入り組んでいるため、痛みを伴わない分割はありえない。そのため、国土の分捕り合戦を避けるためには、重装備の紛争予防軍を多数配備しなければならないが、それはもともと不可能だったと思えるからである。

　そもそも旧ユーゴ軍は、地下空港をはじめ、地下兵舎、地下補給路、おとりの使用、軍隊の分散、大砲や戦車を隠す技術など、仮想敵国ソ連に対抗するための装備と訓練を重ねてきた、ヨーロッパでも屈指の軍隊である。この旧ユーゴ軍に対抗し、民族がモザイク状に入り組んだボスニアで被害者を守るには、人的被害を覚悟して強力な地上軍を配備する必要があった。しかし、アメリカをはじめとする西側諸国は、初めから軍事介入に及び腰だった。

　つまり、当時のブッシュ(シニア)政権は、冷戦後、戦略的意味を失ったバルカンに興味がなく、大統領選挙を1992年に控えて国内政策を優先しなければならない事情があった。アメリカは、実際的にも、湾岸戦争の後始末に手一杯だった上、バルカン問題の複雑さゆえに、バルカンに手を出せば泥沼に足をとられるようなものだと考え、軍事介入はしないと決めていた。また、フランスもイギリスも、伝統的にセルビアと近しい関係にあり、クロアチアの背後にいるドイツが、バルカンに影響力を拡大するのを懸念していたため、これに対抗するセルビア人勢力の拡大を内心歓迎し、これを抑える意欲に乏しかったのである。

❖ **第二の失敗――交渉による和平**

　1992年4月にボスニア紛争が起こっても，西側諸国の動きははかばかしくなかった．ボスニア紛争が始まった直後から，当時のブッシュ(シニア)政権は，衛星情報の分析やCIAの情報収集など独自の情報網，あるいはイゼトベゴヴィッチが詳しく知らせてきた手紙によって，モスリム人に対する虐殺や拷問についての実態を把握していた．しかし，何もアクションはとられなかった．

　西側諸国の和平への動きが本格化したのは，1992年8月2日にガットマン記者が，オマルスカ収容所の様子を生き残った者の証言で生々しく報道し，国際世論が盛り上がってからである．同年8月，イギリスのメージャー首相は，この世論に押されるようにしてロンドン和平会議を開き，ヴァンス元アメリカ国務長官とオーウェン卿に，ボスニア和平案の作成を委ねた．

　一方，アメリカのブッシュ(シニア)政権も，世論と人権団体に配慮して，同月，緊急の国連人権委員会の開催を要求し，マゾヴィエツキ元ポーランド首相を特別報告者に選んで，戦争犯罪や人権侵害についての実態報告を委ねた．さらに，同年10月には，国連安保理を動かして専門家委員会を作り，戦争犯罪の調査をして国連事務総長に報告するよう求めた．このようなブッシュ(シニア)政権のイニシャティブは，当初からICTYの設立を考えていたというよりも，和平案に調査結果を反映することを狙ったものであった．

　しかし，ヴァンス元アメリカ国務長官とオーウェン卿は，和平交渉には中立性が要求され，戦犯とされる政治的指導者との交渉が不可欠である以上，戦争犯罪や人権侵害の問題は，和平交渉とは切り離して和平成立後に取り扱うべき問題と考えていた．そのために，ヴァンスとオーウェンは，和平案を作るに際して，人権問題や戦争犯罪から距離をおくようになった．他方，人権団体やマゾヴィエツキ特別報告者は，「セルビア人に時間稼ぎを許して，戦果を既成事実化するもの」としてヴァンスとオーウェンの和平プロセスを批判した．結局，マゾヴィエツキ特別報告者は，和平プロセスに不満を示して辞職した．

　そのような中で，ヴァンス＝オーウェン案は，1993年はじめに公表された．ヴァンス＝オーウェン案の内容は，ボスニアを民族ごとの9個のカントン(スイスの州を真似た行政単位)と国際都市サライェヴォの合計10個のカントンに分け，権限を大幅にカントンに移して緩やかな連邦をつくるというものであっ

た．考え方の方向はよいとしても，人口で31％しかいないセルビア人に，戦いで勝ち取った既成事実を追認してボスニアの43％もの土地を与える点では，ヴァンス＝オーウェン案は，アメリカの期待を裏切るものであった．

❖不発に終わったクリントンの強硬手段

　クリントンは，ブッシュ(シニア)政権の生ぬるさを批判し，「(旧ユーゴで行われている)殺戮をやめさせる強い手段をとる」と公約して1992年のアメリカ大統領選挙を戦っていた．1993年に誕生したクリントン政権は，まず，ヴァンス＝オーウェン案に生かされなかった戦争犯罪や人権侵害の調査結果を現実に反映させるため，ICTYを作ると約束するとともに，解除と空爆(Lift and Strike. 以下，リフト・アンド・ストライク政策という)として知られる強硬手段に訴えても，紛争当事者にヴァンス＝オーウェン案を呑ませようとした．クリントン政権も，セルビア人勢力の戦果を既成事実として認めるヴァンス＝オーウェン案に不満であったが，だからといってこれを反故にしても，紛争が続き戦争犯罪が繰り返されるだけだと考え，現実的な選択をしたのである．

　リフト・アンド・ストライク政策とは，旧ユーゴに対する武器禁輸(1991年9月25日のSC決議713)をモスリム人勢力に偏面的に解除(リフト)するとともに，セルビア人勢力に空爆(ストライク)を加えてモスリム人勢力の劣勢を挽回しようというものである．旧ユーゴに対する武器禁輸措置は，クロアチア紛争の当時，連邦を維持しなければ旧ユーゴの崩壊は避けられないとして，クロアチア独立の動きを抑えるために，アメリカがイニシアティブをとって導入したものであるが，ボスニア紛争が始まると，セルビアに有利な軍事バランスを固定化し，モスリム人勢力を丸腰で放置する結果を招いた．そこで，非同盟諸国は，「軍事介入しないのなら，せめて自己防衛の権利だけは認めるべきである」として武器禁輸解除に賛成した．これに対して，ボスニアに地上軍を派遣していたイギリスやフランスは，「武器禁輸解除は，国際社会が戦闘行為を容認するに等しく，和平交渉をだいなしにする．空爆は，セルビア軍の攻撃を自国が派遣した地上軍に向けさせ，死傷者を多くするのは必至である」として，こぞって解除(リフト)にも空爆(ストライク)にも反対した．そのため，この政策は不発に終わった．

ちなみに，国連も，ボスニア紛争の当初から，ボスニアに対する国連保護軍 (United Nations Protection Force. 以下，UNPROFOR という)の派遣を検討していた．しかし，「敵対する当事者の合意が見込めない状況では平和の維持は無理だ」として，見送られた．

そのかわりに採択されたのが，1992年5月30日の新ユーゴ経済制裁(SC 決議757)である．しかし，状況はどんどん悪化していくばかりで，人道援助物資さえも，セルビア人勢力に横取りされたり，ブラック・マーケットに流れたりして，国連難民高等弁務官事務所(United Nations High Commissioner for Refugees. 以下，UNHCR という)ですら，自由な通行ができなかった．

そこで，ついに1992年6月8日，UNPROFOR の配置(SC 決議758)が認められたが，その権限は，人道援助物資の配給の安全を守ることに限られていた．

ボスニア紛争を抑えるためには，人的被害を覚悟して，空爆を含めた武力行使が必要であった．しかし，UNPROFOR に人員を出しているフランスやイギリスなどは，「権限の拡大は，紛争に巻き込まれて人的被害を出すことになる」として反対し，武力行使は見送られた．そして，最後まで，UNPROFOR の権限は，被害を防止し又は攻撃を抑制するまでの権限拡大には至らなかった．

なお，1993年6月4日になると，ボスニア紛争の悪化に対応するため，UN-PROFOR の権限拡大が図られたが，それでも武力行使は，負傷者の搬出，重火器の撤退，UNPROFOR の正当防衛のためなどに限られた．そして NATO 空爆も認められたが，それも，UNPROFOR を支援するために限られていた (SC 決議836)．

結局，軍事力でセルビア人勢力を抑え，紛争を終結させる道は，閉ざされることになった．

リフト・アンド・ストライク政策が不発でも，そして，UNPROFOR の権限の実質的拡大が成らなくても，紛争当事者が和平案を平和裏に呑んでくれれば，紛争を終結させることができる．

そこで，国際社会は，ヴァンス゠オーウェン案の受け入れを紛争当事者に迫り，セルビア人勢力を代表するカラジッチから，しぶしぶの賛成が得られた．しかし，同案の受け入れは，1993年5月6日，ボスニアのセルビア人共和国＝スルプスカ共和国の国民投票にかけられると，96% が反対して拒否された．

こうして，和平工作は振り出しに戻ることになった．

❖ **残された選択―― ICTY の設置**

 和平が不発に終わった以上，「戦争犯罪や人権侵害に断固たる手段で立ち向かう」と約束して政権についたクリントン政権としては，傍観者の態度を決め込むわけにはいかなかった．1993年の初めには，マゾヴィエツキ特別報告者や専門家委員会の報告によって，多数の重大な戦争犯罪の実態が明らかになり，何らかの対応を必要としていた．こうして現実味をもって再登場してきたのが，ICTY の設置である．

 前述したように ICTY は，1993年5月25日の SC 決議 827 によって設立された．設立のイニシャティブをとったのは，クリントン政権であった．クリントン政権のイニシャティブは，ちょうど国民の信任投票を終えてセルビア寄りの保守勢力からの圧力を心配する必要がなくなったエリツィン政権のロシア，フランス，イギリスの賛成を得，中国も不承不承賛成して，その設置が決まったのである．

（ii） ICTY の活動と実績

 ICTY は，1995年12月のデイトン合意後しばらくして，現地の状況が落ち着くとともに，その協力が得られるようになって本格的な活動を開始した．ボスニアとクロアチアは，それぞれ1995年と1996年に ICTY 協力法を制定して証拠収集に協力するようになり，多くの被害者を出したボスニアのモスリム人は，デイトン合意が成立した直後に「捜査及び資料収集のための機関」(Agency for Investigation and Documentation. 以下，AID という）を設立して，収集した証拠を ICTY に引き渡すようになった．

 「10年も前の事件をどうして裁けるのか，証拠はなくなっているのではないか」という疑問をよく呈せられるが，こうして提出された証拠の中には，社会主義国だった当時のボスニア内務省諜報部が，民族浄化が予感されはじめた1991年から1995年12月のデイトン合意まで続けていたミロシェヴィッチなど大物戦犯の電話盗聴の記録，「民族浄化」を指導した非常事態政権（Crisis Staff）の議事録など，一級の資料が多く含まれていた．

ICTYの一審裁判は，毎日の連続開廷であるが，一つの事件について100人前後の証人を1人2,3日にわたって詳しく直接尋問するのが普通である．そのため，準備手続きに平均16カ月，公判の審理に平均16カ月，平均合計32カ月の審理期間がかかっている．

ICTYは，2006年8月11日現在までに，合計161人の被告人について起訴し，このうち，有罪確定者は46人，審理中の者は38人，無罪8人，旧ユーゴの国内裁判所に事件を移送された者9人であり，その他は，逃亡中の者，死亡した者，起訴を取り下げられた者などである．有罪確定者の氏名，職業及び宣告刑は，次表のとおりである．

刑の執行は，ICTYと協力協定(Agreement on the enforcement of sentences of ICTY)をとりかわしている国の刑務所に収容して行われている．なお，2006年現在，刑の執行についてICTYと協力協定を結んでいる国は，ノルウェー，スウェーデン，フィンランド，デンマーク，イギリス，フランス，イタリア，スペイン，オーストリアの9カ国である．ドイツは，一般的な協定を結んでいないが，個別合意によって，被告人2人の刑の執行を引き受けている．

❖ **ICTYの有罪確定者の氏名，職業，判決**
 1. Dusko TALIC　警察官兼コザラック地域自治体メンバー　拘禁刑20年
 2. Dusko SIKIRICA　ケラテム強制収容所所長　拘禁刑15年
 3. Damir DOSEN　ケラテム強制収容所所長代理(交代要員)　拘禁刑5年
 4. Dragan KOLUNDZIJA　ケラテム強制収容所所長代理(交代要員)　拘禁刑3年
 5. Miroslav TADIC　ボサンスキ・サマック市「捕虜交換委員会」委員長　拘禁刑8年
 6. Simo ZARIC　「捕虜交換委員会」協力者　拘禁刑6年
 7. Stevan TODOROVIC　ボサンスキ・サマック市警察署長　拘禁刑10年
 8. Milan SIMIC　ボサンスキ・サマック市議会行政委員会議長　拘禁刑5年
 9. Goran JELISIC　ルカ強制収容所監守　拘禁刑40年
 10. Ranko CESIC　ルカ強制収容所監守　拘禁刑18年
 11. Tihomir BLASKIC　クロアチア国防委員会大佐　拘禁刑9年

第4節　その後の国際刑事裁判　　21

12. Zlatko ALEKSOVSKI　クロアチアのカオニック刑務所長　拘禁刑7年
13. Drago JOSIPOVIC　クロアチア国防委員会兵士　拘禁刑12年
14. Vladimir SANTIC　クロアチア民兵グループ「ジョーカー」の長　拘禁刑18年
15. Zdravko MUCIC　セレビッチ強制収容所所長　拘禁刑9年
16. Hazim DELIC　セレビッチ強制収容所副所長　拘禁刑18年
17. Esad LANDZO　セレビッチ強制収容所監守　拘禁刑15年
18. Drazen ERDEMOVIC　ボスニアのセルビア軍兵士　拘禁刑5年
19. Dragoljub KUNARAC　ボスニアのセルビア軍特別志願部隊司令官　拘禁刑28年
20. Radomir KOVAC　フォチャの民兵グループの長　拘禁刑20年
21. Zoran VUKOVIC　フォチャの民兵グループの長　拘禁刑12年
22. Milorad KRNOJELAC　ケーピー・ドム強制収容所所長　拘禁刑15年
23. Milojica KOS　オマルスカ強制収容所所長代理　拘禁刑6年
24. Mitar VASILJEVIC　民兵グループのメンバー　拘禁刑15年
25. Radislav KRSTIC　セルビア軍ダリーナ方面軍副司令官　拘禁刑35年
26. Biljana PLAVSIC　スルプスカ共和国大統領　拘禁刑11年
27. Darko MRDJA　プリィエドール市警察突撃隊のメンバー　拘禁刑17年
28. Dragan OBRENOVIC　セルビア軍ズヴォルニック歩兵旅団副司令官　拘禁刑17年
29. Predrag BANOVIC　ケラテム強制収容所取調官　拘禁刑8年
30. Dragan NIKOLIC　スシチャ強制収容所所長　拘禁刑20年
31. Dario KORDIC　クロアチア人の民族政党(HDZ)党首　拘禁刑25年
32. Mario CERKEZ　クロアチア軍ヴィテス旅団長　拘禁刑6年
33. Anto FURUNDZIJA　クロアチア民兵グループ「ジョーカー」の地方長　拘禁刑10年
34. Miroslav KVOCKA　オマルスカ強制収容所所長　拘禁刑7年
35. Mladjo RADIC　オマルスカ強制収容所監守長代理(交代要員)　拘禁刑20年
36. Dragoljub PRCAC　オマルスカ強制収容所副所長　拘禁刑5年
37. Zoran ZIGIC　一般市民(元タクシー運転手)　拘禁刑25年
38. Miroslav DERONJIC　ブラチュナック非常事態政権議長　拘禁刑10年

39. Milan BABIC　自ら宣言した「セルビア・クライナ共和国」の大統領　拘禁刑13年
40. Ivica RAJIC　旧ユーゴ軍大尉　拘禁刑12年
41. Vinko MARTINOVIC　民兵グループKBの司令官　拘禁刑18年
42. Mladen NALETILIC　民兵グループKBのsub-unitの長　拘禁刑20年
43. Milomir STAKIC　プリィエドール市非常事態政権議長　拘禁刑40年
44. Momir NIKOLIC　ブラチュナック歩兵旅団司令官　拘禁刑20年
45. Miodrag JOKIC　海軍第9方面軍司令官　拘禁刑7年
46. Naser ORIC　元警察官　スレブレニツァ及び周辺のボスニア軍司令官　拘禁刑2年

　ここで注目すべき点を挙げておこう．
　① ICTY設立当初に起訴され，すでに判決を終えているのは，ほとんどが，強制収容所所長や所長代理などの監守クラスのセルビア人戦犯に限られているが，次第に他民族も起訴されるようになり，大物も起訴されるようになった．少し古い統計であるが，2004年4月20日現在，起訴された被告人103人の民族別は，セルビア人73人，クロアチア人19人，モスリム人7人，アルバニア人4人である．ただし，この数字は，公開された起訴状で起訴された者だけで，非公開の起訴状で起訴された者は含まない．
　②「法の支配」を打ち立てるためには，民族浄化をしかけた大物の起訴が不可欠である．だが，ミロシェヴィッチもデイトン合意までは，外交交渉の立役者として評価され，捜査・起訴されることはなかった．ミロシェヴィッチが起訴されたのは，彼自身がデイトン合意の阻害要因であることがはっきりしたコソヴォ紛争の後である．
　ボスニアのセルビア人勢力を現場で率い，当時，国際社会から和平の交渉相手とは見られていなかったカラジッチとムラジッチは，1995年に起訴されている．
　他方，クロアチアのセルビア人の地位を格下げして旧ユーゴ崩壊の引き金をひいたクロアチア大統領トゥジマンは，起訴されずに1999年12月に病死した．モスリム人主導のボスニアにこだわってボスニア紛争の引き金をひいたボスニア大統領イゼトベゴヴィッチも，捜査は開始されたが，捜査終結を見ることな

く，2003年1月に病死した．

③ 25の事例は，第二次大戦後，最も忌まわしいとされるスレブレニツァ事件で，全人口4万人のうち約7000人が殺された．ICTYの判決でジェノサイドの罪（ジェノサイドの罪の幇助）が適用されたのは，同事件が初めてで，現在までのところ唯一である．適用罪名で多いのは，人道に反する罪と戦争の法規及び慣習に違反する罪である．1949年のジュネーヴ四条約の重大な違反の罪の適用件数は多くない．

④ 刑期は，ICTY設立規程（ICTY Statuteと通称される）によって，旧ユーゴの刑事裁判所の実務を参考にして量刑することになっている．最高刑は終身拘禁刑で，死刑はない．

⑤ 女性は，26のBiljana PLAVSICだけで，他はすべて男性である．

⑥ 37のZoran ZIGICは，元タクシー運転手で，一般市民にもかかわらず，拘禁刑25年という重い刑に処せられている．その理由は，ボスニア紛争中，オマルスカ強制収容所，ケラテム強制収容所，ツルノポーリィ強制収容所が，過激な民族主義者の侵入を積極的に許し，彼らのなすがままにさせていたのを利用して，これらの強制収容所に継続的に侵入し，多数のモスリム人を拷問し殺害するという重大な罪を犯したからである．

(iii) ICTYに対する批判

❖**設置手続き**

ICTYに対する批判の一つは，このような裁判所の設立は条約で合意すべきで，国連安保理決議によるのは手続き違反だというものである．

このような裁判所の設立は，本来，条約で合意すべきだというのはそのとおりであるが，旧ユーゴで起きた事態は，国際の平和及び安全に対する脅威であって，これに緊急に対処するには，条約を作成する時間的ゆとりはなかった．ICTYの設立は，集団的安全保障のために軍事的又は非軍事的強制措置をとることができるという国連安保理の権限によるほかなく，ほとんどの国は，このような手続きの適法性を認めている．

❖罪刑法定主義

　ICTYに対するもう一つの批判は，遡及的に1991年以降の犯罪をICTYが対象としている点，及び終身刑以下という大雑把な刑罰の規定の仕方をしている点が，罪刑法定主義に反するというものである．なるほど，ICTYは1993年に設置されたが，ICTY Statute は1991年から遡って適用されることになっている．

　しかし，ICTY Statute 2条～5条は，何が戦争犯罪になるかを定めているが，国際人道法の中核とも言うべき重大な犯罪だけを取り上げており，個人の犯罪として処罰することが，1991年には誰の目から見ても疑いなく国際慣習法として定着していたものだけで，実質的に遡及効を認めているわけではない．ちなみに，2条は1949年のジュネーヴ四条約の重大な違反の罪，3条は戦争の法規及び慣習に違反する罪，4条はジェノサイドの罪，5条は人道に反する罪を，ICTYの管轄犯罪としている．

　適用される刑罰も，ICTY Statute 21条1項によれば，旧ユーゴの刑事裁判所の実務を参考にして量刑することになっていて，一応の基準はあり，そのような批判は当たらない．

❖起訴の公平性

　ICTYについては，起訴が公平でないという批判がある．ICTYは，反セルビア的で，他の民族に比べてセルビア人に厳しすぎるだろうか．

　セルビア人に厳しすぎるという批判は，個々の事件の見方が反セルビア的だという批判と，起訴がセルビア人に偏っているという批判とに分けられる．

　結論から言えば，そのような批判は当たらない．個々の事件は，審理する過程で，偏向した見方に左右されずに真実を洗い出しているのではないか，というのが裁判を担当した筆者の実感である．つまり，審理の過程で自ずから明らかになったのは，セルビア人は残虐な加害者でモスリム人は高潔な被害者という見方ではなく，一部の政治家や軍人が，自己の権力拡大と蓄財のために，一般市民の恐怖を利用して，民族浄化を煽り拡大したという構造であり，そのような構造は民族間で違いはなく，モスリム人も同じように加害者でもあったという事実である．

なるほど，起訴された者の数で見る限り，セルビア人が圧倒的に多い．しかし，セルビア人が多く起訴されることになったのは，セルビア人勢力は圧倒的な軍事力を誇っていたため，多くの加害者を生まざるを得なかったという事実によるところが大きい．

したがって，上記の批判は当たらない．むしろICTYは，一般市民が背負わされていた，いわれなき民族浄化の責任を真に責任のある戦犯に帰せしめ，歴史の真相を明らかにしたのであって，それは，ICTYの功績として挙げることができるように思われる．

その他，ICTYについては，起訴の対象が中〜小物の戦犯に偏しており，「法の支配」を打ち立てるためには，民族浄化をしかけた大物戦犯の起訴が不可欠だという批判もある．とくに，トゥジマンとイゼトベゴヴィッチが起訴を免れた点(22頁②を参照)については，批判も多い．実際，デイトン合意以前の起訴は，強制収容所の監守クラスのセルビア人に限られている．また，ボスニアのセルビア人勢力を率いたカラジッチとムラジッチは，1995年に起訴されているが，それは彼らが当時，国際社会から和平の交渉相手とは見られていなかったためであろう．

ところで，ICC Statute 16条は，「国連安保理が，国連憲章7章に基づく決議を採択してICCに要請したときは，12カ月間，捜査・起訴は行われない．この要請は更新できる（No investigation or prosecution may be commenced or proceeded with under this Statute for a period of 12 months after the Security Council, in a resolution adopted under Chapter VII of the Charter of the United Nations, has requested the Court to that effect; that request may be renewed by the Council under the same conditions.)」旨，定めている．

この規定は，微妙な，かつ大物戦犯が交渉当事者となって話し合われることの多い和平交渉に，ICCによる捜査・起訴が悪影響をもたらさないよう，国連安保理に捜査・起訴の延期(中止ではない．しかし更新も可能で，事実上中止の効果をもつこともある)を要請する権限を認めたものである．大物戦犯を遅滞なく起訴することよりも和平交渉を優先せざるを得ない世界の現状を反映した政治的規定であると言えよう．

また，現実問題として身柄の引渡しを受けなければ，実際に裁判をすること

はできない．カラジッチとムラジッチの身柄の引渡しも，彼らを支援する国内組織に阻まれて未だ実現していない．

このように，国際的な戦犯の裁判については，未だ，司法が政治から完全に独立し得ないのが世界の現状なのである．

❖ ICTY は，勝者の裁判か

ICTY については，NATO爆撃による民間被害を不問に付したのは，ヒロシマ，ナガサキを不問に付した東京裁判と同じようなものではないか，所詮，勝者の裁判(Victor's Justice)ではないかという批判がある．

NATO爆撃は，コソヴォ紛争中の1999年3月24日から6月9日まで行われ，その間の飛行回数3万8000回，爆撃回数1万484回，爆弾投下2万3614個に及んだ．空爆の結果，約500人の民間人が死亡し，中国大使館をはじめ，旅客車や放送局など多くの民間施設が破壊された．

NATOによる爆撃の手法は，前線で攻撃を防いだり被害者を救出したりするものではなく，もっぱら新ユーゴ軍の攻撃が不可能な1万5000フィート(＝約5km)以上の上空からの空爆で，zero casuality 政策(＝死傷者ゼロ政策)として知られている．それは，同時に，機上から人間の肉眼では地上のものを判別できないため誤爆の危険を含むものであった．このように自らの安全を最優先するやり方は，2002年はじめに封切られたアカデミー賞映画「ノー・マンズ・ランド」が，国連軍の行為についてではあるが，皮肉たっぷりに描いているとおりである．NATOの爆撃には，劣化ウラン弾やクラスター弾も使用された．

クラスター弾とは，多数の小さな爆弾や地雷を含む爆弾で，様々なタイプのものがあるが，典型的なものは，空中で一度爆発した際に，小さな爆弾が飛び散り，地上目的物に当たって第二段の爆発をする．ピン・ポイント爆撃ではなく，一定の広範囲の爆撃に使用される．ICTYも1996年3月8日の決定で，「クラスター弾をつけた本件ロケットは，近くに軍事施設のない地域に着弾した．クラスター弾は，本来，攻撃目標から逸れる可能性が高く，このようなクラスター弾をつけたロケットの発射行為は，ザグレブ市の民間人に対する攻撃の故意を証明するものである」と述べている．

問題は，これらの武力行使が，戦争犯罪に当たるのかどうかである．それは，NATO 爆撃が，仮に人道的介入だとしても，それですべてが片付くわけではない．全体として武力行使が容認される場合でも，個別の違反は問題になるのである．

疑問の一つは，これらの誤爆事件は，比例の原則に違反するのかどうかである．比例の原則とは，ジュネーヴ条約追加議定書Ⅰの 57 条及び 58 条に規定があり，直接的な軍事メリットに比して，民間人や民間施設への被害が大きすぎるときは，そのような戦闘行為は行ってはならないという原則であって，すでに確立した国際慣習法になっている．これに違反すれば，ICTY Statute 3 条の規定する戦争犯罪になる．

疑問のもう一つは，犯意である．つまり，民間人や民間施設への被害が大きすぎることを承知(確定故意)で爆撃したとするのは無理としても，パイロットの現場確認の不足や指令を出した者の情報収集の不足を疑うことは充分可能であり，民間人被害を軽視し爆撃の結果をかえりみない意図，つまり「未必の故意」(98 頁以下参照)が認められるのかどうかである．

これらは，zero casuality 政策を認め，クラスター弾の使用を問題にしなくても生じる疑問であって，爆撃を実施した者及び命令した者について，ICTY Statute 3 条の戦争犯罪や 5 条の人道に反する罪などで，捜査・起訴できるのかどうかが問題になった．

検討を委ねられたのは，ICTY の検察局に設けられた委員会で，検討の結果，以下のとおり，起訴のみならず捜査も行われなかった．

> 委員会は，1999 年 5 月に ICTY の検察局(Office of the Prosecutor. 以下，OTP という)内部に設けられた．委員会は，5,6 人の OTP メンバーで構成されたこと以外は，明らかにされていない．
>
> 委員会の検討結果は，"Final Report to the Prosecutor by the Committee Established to Review the NATO Bombing Campaign against the Federal Republic of Yugoslavia" として 2000 年 6 月 8 日に公表された．
>
> 委員会が検討に使った資料は，Human Rights Watch のレポート "Civilian Deaths in the NATO Air Campaign" やアムネスティ・インターナショナルのレポート "Collateral Damage" などの NGO 資料，ドイツ人 Ekkehard

Wenz の研究書，新聞，アメリカ及びイギリスの国防省資料，NATO のプレス発表などのほか，新ユーゴが国際司法裁判所(ICJ)に提出している資料や新ユーゴ外務省の白書("NATO Crimes in Yugoslavia")，及びロシア国会内委員会(Russian Parliamentary Commission)が提出した資料などである．また，NATO に対しては OTP から質問状が送付され，委員会は，その回答も資料として使っている．

❖委員会による全体的な結論

民間の施設を標的にしたのではないかについては，標的の選定に問題はないとした．その理由は，軍事標的か否かは，性状及び使用目的の双方から決まり，民生両用のときも軍事標的になるため，軍事標的の範囲は広く認められるからである．

また，比例の原則違反については，これを実際に適用しようとすると，軍事メリットと人の生命・財産という，全く価値の異なるものを比較しなければならない上，どこまでを比較対象として含めるのか，時間・空間的な範囲をどこまで広げるのかなど多くの難しい点を含む．したがって，比例の原則を満たしているかの判断は，実際には困難であり，クロとは断定できない．

さらに犯意も，未必の故意を含めて否定される．その理由は，一般論としては，標的が軍事標的であることを，可能なあらゆる手段を使って確認しなかったとき，及び民間人や民間施設への被害が大きすぎないよう，戦闘行為の選択に当たって可能なあらゆる配慮を怠ったときには，未必の故意が成立する．しかし，確認や配慮の義務は，高い程度ではあるが絶対的なものではなく，義務の履行は，事前の情報収集から実際の戦闘行為を通じて判断すべきであり，全体的に見れば義務は尽くされている，とした．

❖委員会による個別事件についての結論

NATO の誤爆によって 10 人以上の死者を出した事件は 12 件あり，委員会はそのうち，以下の 5 件について個別の検討を加えている．

1. 客車爆破事件(事件発生日：1999 年 4 月 12 日)

この事件は，ベオグラードとリストバックを結ぶ鉄道のマケドニア国境付近に架かる全長 50 m の橋を，NATO 軍機がレーザーで誘導された爆弾 2 発で爆撃した事件である．

1発目は，橋を通過中の客車の2両目に当たって，これを二つに裂いた．2発目は，無傷で残っていた橋のもう一つの端を狙って投下され，1発目の破壊の影響で後退してきた客車の一部に当たった．その結果，少なくとも10人が死亡し，15人が負傷した．

　この事件は，はじめから客車を標的にしたのだとの異論もあるが，本件で狙われたのは，コソヴォのセルビア軍補給ルートである橋であることはほぼ間違いない．したがって，問題は，客車に当たることが予想できたのではないかという点であるが，委員会は，1発目については，客車の映像が視界に入ったときはすでに爆弾を投下した後で，どうしようもなかったとし，2発目については，1発目が客車に当たったことは確認できたが，橋を爆破する任務をまっとうするため，無傷で残っていた，橋のもう一つの端を狙って投下したもので，投下の際には煙と雲で視界が悪く，1発目の破壊の影響で後退してきた客車は確認できず，これを確認できたときには，すでに爆弾を投下した後で，どうしようもなかったとしている．ただし，2発目については，委員会の意見は分かれ，客車が1発目の破壊の影響でどのようになったのかを確認しないで2発目を投下したのは，未必の故意だとする意見もあった．しかし，委員会の結論は，①事件に適用すべき国際法が確立しているか，②具体的事件にこれを適用したとき疑いなく違反があったと言えるか，③証拠が充分かなどを検討し，結局のところ上記結論で一致した．

2. ジャコヴィツァ難民爆撃事件 (事件発生日：1999年4月14日)
　この事件は，NATO軍機が，1000人を超えるアルバニア人難民の一団に爆撃を加え，女性や子供など70〜75人が死亡し，約100人が負傷した事件である．しかし，詳細は解明されておらず，果たして何個の爆弾が落とされたのかなどは不明である．アルバニア人難民は明らかに民間人であり，軍事標的ではない．

　NATOは，当初，爆撃したこと自体を否定していた．しかし，後にこれを認め，ユーゴ軍が民間家屋に放火しているとの情報が前もってあり，現場はユーゴ軍の補給ルートでもあるため，火の手が次々に南下していくと同時にモスグリーン色の車体の存在を目撃したので，ユーゴ軍と誤認してしまったと説明している．NATOは，さらに，コックピット・ビデオは確かにトラクター様のものを映し出しているが，裸眼で見ると軍用車に見えること，一団の色・サ

イズ・動き方が軍事護送団のように見えること，ユーゴ軍は通常そのようなサイズでは行動しないとの情報が得られたのは数回の爆撃の後で，疑問が生じてからは爆撃中止命令が出されていること，などを挙げて責任を否定している．

ところで，この事件については，爆撃機と管制官との会話を録音したユーゴTVの証拠がOTPに寄せられており，民間人と知りながら攻撃命令を出したともとれる様子が録音されている．

委員会は，NATOの主張及び全証拠を検討して，録音テープのような証拠は一つだけであること，F-戦闘機の速度と飛行高度からすると民間人であるかどうかの確認は困難であること，事前に低い飛行高度から標的を確認できたと思われるケースではあるものの，未必の故意を認める程度には至っていないとしている．

3. テレビ・ラジオ局爆撃事件（事件発生日：1999年4月23日）

この事件は，NATOが事前に計画して，ベオグラードにある国営のテレビ・ラジオ局をミサイル攻撃し，10〜17人が死亡した事件である．

NATOによれば，同テレビ・ラジオ局は軍の指令・通信にも使われており，軍事標的であることに問題はない．同テレビ・ラジオ局は，コソヴォにおける残虐行為を容認する環境づくり＝ミロシェヴィッチの政策宣伝にも用いられており，NATOは，爆撃前の4月8日，「もし，ミロシェヴィッチが，検閲なしに，ミロシェヴィッチの政策宣伝と同じ時間だけ，西側諸国のニュース報道を放送すれば，民生用と認められる」という声明を発表していたため，ミロシェヴィッチの政策宣伝機構を破壊することの正当性が問題とされた．

委員会は，ミサイル攻撃の一次的な目的は，軍の指令・通信網としてのテレビ・ラジオ局の破壊であり，ミロシェヴィッチの政策宣伝機構を破壊する目的は二次的なものにすぎないので，この点は問題にならないとしている．

この事件の次の問題は，死亡者が多く，比例の原則に反しているのではないかという点であった．ジュネーヴ条約追加議定書Iの57条(2)によれば，民間被害を避けるためのあらゆる可能な努力が払われなければならない．外国メディア特派員だけが爆撃の前に警告を受けており，ローカル職員には知らされていなかったことについて，果たしてNATOは，民間被害を避けるためのあらゆる可能な努力を払ったのかが問題になったのである．

この点について，委員会は，NATOの主張を入れ，個別の警告をすること

は，パイロットを危険に晒すからできないとし，当時の状況下ではNATOの発した一般的警告で義務を充分果たしており，旧ユーゴ当局は，爆撃が間近に迫っていることを認識していたのだから，自国の民間人死者を多数出した責任の一端は，旧ユーゴ当局にあるのではないかとしている．

ところで，テレビ・ラジオ局は，ミサイル爆撃にもかかわらず，数時間後には放送を再開したため，民間被害に比べて軍事メリットが少なく，比例の原則に反するのではないかという点も問題とされた．

この点についても，委員会は，NATOの主張を入れ，まず，軍事・民生の両用に使われているテレビ・ラジオ局を1回の攻撃で使用不能にすることはできないとし，比例の原則は，個別の事件ごとに判断するのではなく，全体としてのユーゴ軍の指令・通信網の破壊と民間被害を秤にかけるべきであるとしている．

4. 中国大使館爆撃事件(事件発生日：1999年5月7日)

この事件は，NATO軍機が，ベオグラードの中国大使館をセルビア軍の調達補給司令部(Yugoslav Federal Directorate for Supply and Procurement)と誤認したとして，数個のミサイルで攻撃し，爆撃当時，約50人が中国大使館に居て，中国人3人が死亡，15人が負傷し，中国大使館及び付近の建物が大きな被害を受けた事件である．

セルビア軍の調達補給司令部は軍事標的であるが，中国大使館は民間施設である．なぜ誤爆が生じたのかについて，NATOは，①同司令部の位置確定に使われた"intersection and resection technique"として知られるナビゲーション技術が，遠くの物体のアバウトな位置確定にだけ適したものであったこと，②同司令部の位置確定に使われたアメリカ政府の地図及び市販の地図のいずれにも，同司令部は記されておらず，中国大使館の正確な位置も記されていなかったこと，③はじめの位置確定の正確さを確かめるやり方が，アメリカ政府の技師が従来の地図に新たな情報を付け加える方法をとっただけであったこと，④中国大使館の正確な位置を知っている者が誰も相談にあずからなかったことを，その理由として挙げている．

ところで，当時，中国は，ミロシェヴィッチを支援しており，中国大使館の通信室は，ユーゴ軍の指令・通信に利用されている旨の情報があった．また爆撃で被害を受けたのは，まさに中国大使館通信室で，その他の部分は無傷で残

ったため，中国大使館通信室を故意に狙ったのではないかが問題にされたのである．

委員会は，誤爆は，主に CIA 情報に基づいたために生じたものであって，爆撃を行った者及び命令した者には責任はないとしている．

5. コリサ村爆撃事件(事件発生日：1999年5月13日)

この事件は，NATO がコリサ村に 10 個の爆弾を投下し，民間人 87 人が死亡，60 人が負傷して，被害者の多くが難民だった事件である．

NATO は，この事件について，コリサ村にはユーゴ軍の野営地と司令塔があることを事前の情報収集で知っており，パイロットは爆弾投下前に軍用防壁と軍用車を確認しているのだから，軍事標的に対する攻撃として正当化されるとしている．

問題は，民間人が付近にいることが分からなかったのかどうかであるが，NATO は，爆弾の投下は夜の 23 時 30 分で，爆弾投下前に確認することはできず，民間人は立ち退いたという情報を事前に得ていたので，民間人の存在については分からなかったとしている．

委員会は，コソヴォ住民がユーゴ軍のキャンプに収容され，人間の盾(human shield)として使われていたという情報もないことはないが，情報不足で，戦争犯罪が成立するには不充分としている．

(2) ルワンダ国際刑事裁判所(ICTR)
(i) ICTR 設立の経緯

ルワンダ国際刑事裁判所(ICTR＝International Criminal Tribunal for Rwanda)は，1994 年に起こったルワンダ民族紛争に対処するため，前年に設立された ICTY にならって，同年の SC 決議 955 によって設立された．

フツ族のハビャリマナ大統領は，1973 年の軍事クーデタで政権についたが，極端な民族主義を掲げ，植民地時代の負の遺産はすべてツチ族に責任があるとして利権を一部の者だけに集中し，過激な一党独裁の政治を行ったため，民族的緊張が高まっていた．その緊張の度をさらに高めることになったのが，ブルンジからの避難民の流入と，従前の民族紛争で国外に逃れていたツチ族がウガンダから押し寄せたことである．つまり，ルワンダは 1988 年，隣国ブルンジで起こったツチ族によるフツ族虐殺を逃れてきた約 2 万人の避難民で膨れ上が

り，また，ベルギーから独立した前後の民族紛争で国外に逃れていたツチ族が，ルワンダ愛国戦線(the Rwandan Patriotic Front. 以下，RPF という)を作って，民主化要求と難民の帰還を掲げてハビャリマナ政権に反対し，1990 年になるとウガンダからルワンダに押し寄せてきた．

　このような中で，1992 年，ハビャリマナ政権と RPF との間に和平合意が成立し，停戦監視のために国連の平和維持部隊も派遣された．ところが，1994 年 4 月 6 日にキガリ空港でハビャリマナが飛行機事故で死亡すると，ハビャリマナ政権の民兵及びルワンダ軍は時を移さず，まず穏健派フツ族の高官を殺害し，次に RPF を支援するツチ族を殺害して，高まっていた民族的緊張に先制攻撃をかけた．こうしてルワンダ民族紛争は開始し，約 4 カ月の間に 100 万人が殺され，200 万人が難民になった．

　この紛争は，ハビャリマナ大統領一派による重大な犯罪が予想されたのに，国連は予防措置をとらず，派遣していた兵を引き揚げ，先進国も紛争拡大を防止する政治的意欲を欠いていたと批判されている．

(**ii**)　ICTR の活動

　ルワンダ国際刑事裁判所は，2005 年 4 月までに 19 事件，25 人の被告人について判決を下した．元首相カンバンダをジェノサイドの罪と人道に反する罪で有罪にし，2002 年 4 月には，ジェノサイドの中心人物とされるバゴスラ元大佐の裁判を始めるなど，画期的な成果もある．また，メディアやセミナーを通じ，裁判の意味や経過を，アフリカ農村部の一般市民にまで知らしめる活動 (outreach programme) にも力を入れている．

　しかし，裁判の進行は，ICTY と比べてもはるかに遅いと批判されている．

第 5 節　国際化された国内刑事裁判所

(**1**)　シエラレオネ特別法廷

　シエラレオネ特別法廷(the Special Court for Sierra Leone)は，シエラレオネ内戦の戦犯を裁くために設置された．

　　シエラレオネでは，1991 年，一党独裁の軍事政権と RUF (Revolutionary United Front. リーダーはフォデイ・サンコ)との間で，シエラレオネ内戦が

始まった．

　シエラレオネ内戦は，隣国のリベリアからチャールズ・テイラーが，ダイヤモンド利権と引き換えに，鉱山をコントロールするRUFを支援し，RUFの兵士の訓練や武器供与をしたため拡大した．シエラレオネ内戦では，誘拐又は強制徴兵して，麻薬漬けにした約7000人の少年兵を使って，略奪・放火・レイプ・殺人・手足切断などが行われた．10年を超す内戦で，殺された人は約5万人，国外難民になった者は41万6000人を超えると推定されている．シエラレオネ内戦は，1999年に国連の仲介でロメ和平協定が結ばれ，2002年1月に公式に終結した．

　シエラレオネ特別法廷設置の端緒は，2000年6月にカバ大統領が国連事務総長に戦犯裁判についての協力を求める手紙を書いたことに端を発する．これを受けて，同年8月にSC決議1315が採択され，国連事務総長とシエラレオネ政府がシエラレオネ特別法廷の設置に合意し，同法廷は2003年から活動を開始することになった．

　一審は3人の裁判官，二審は5人の裁判官で審理されるが，カンボジア特別法廷と違い，外国人判事が多数を占める．管轄犯罪は，1999年1月にRUFが首都を占領したときに多くの重大な残虐行為が起こったことを考慮し，1996年11月以降に起こった戦争犯罪及び国内法違反の罪を管轄するとされ，国内裁判所に優先して管轄権を有する．

　シエラレオネ特別法廷は，15歳未満の少年兵の募集と使用が戦争犯罪になることを明らかにするなど功績も認められるが，問題は，1年間のコストが2500万ドル(約28億円)かかり，国連の直接サポート期間は2005年12月で終わり，2006年1月から任意拠出金に頼らざるを得ないことである．

　なお，シエラレオネでも，南アフリカ共和国の「真実と和解委員会」を真似て，「真実と和解委員会」(Truth and Reconciliation Committee. 以下，TRCという)が作られ，和平促進が図られている．南アフリカ共和国の「真実と和解委員会」は，アパルトヘイト時代の人権侵害について，真実を語り謝罪するのと引き換えに，加害者に免罪を与えて，将来の和解につなげる活動であるが，TRCには真実と引き換えに免責する権限はない．ただし，ロメ和平協定に基づいて，一般恩赦法が立法され，大物戦犯の国際法違反は免責されないが，国

内犯罪については免責できることになった．

　テイラーは，2003年6月にシエラレオネ特別法廷に起訴された．2006年4月にテイラーがシエラレオネ特別法廷に出廷した際，検察官は，「残虐行為をした者，国際法を踏みにじった者は，いかに権力や金を持っていようと，また民衆が恐れていようと，法の上に存在できず，責任をとらされる．これが正義だ」と述べた．

　しかし，テイラーをシエラレオネで裁判することは，未だひ弱な和平プロセスに悪影響を与え，治安の維持に問題が生じるので，彼の審判は，ハーグのICCに場所を借りて行われることになっている．なお，イギリスは，テイラーに対する刑の執行を引き受ける旨，約束している．

（2）　カンボジア特別法廷

　カンボジア特別法廷(the Extraordinary Chambers in the Courts for Cambodia)の設置は，1997年6月，連立を組んでいたラナリットとフンセンが，1975～79年のクメール・ルージュ時代の大量虐殺についての責任者を処罰するため，国連事務総長に支援を求める手紙を出したことに端を発する．その後，長らく，国際法廷を求める国連と国内法廷に固執するカンボジア政府との話し合いがつかなかった．しかし，ようやく2004年10月，カンボジア政府は，カンボジア特別法廷に対する国連支援の法的根拠・原則及び方法に関する国連とカンボジア政府との合意文書を批准するに至った．そして，2006年5月には，カンボジア政府は，国連の提示したショートリストから国際裁判官など13人，及びカンボジア人の検察官ら17人を選任した．裁判は，2007年春から始まる予定である．

　裁判は二審制で，総費用は5630万ドル(約64億円)と見込まれている．そのうち4300万ドルを支援国の拠出で賄うことになっており，日本は，拠出金の半分(＝約2150万ドル)を負担することになっている．カンボジアは自己負担分の1330万ドルも出せないとしており，さらなる支援を求めている．

　管轄犯罪は，国内法の殺人・拷問と国際法の戦争犯罪で，判決は外国人判事の賛成を含む多数決で行われる．起訴される可能性が高いのは，ヌオン・チア元人民代表議会議長，キュー・サムファン元幹部会議長，イエン・サリ元副首

相ら最高幹部である．しかし，クメール・ルージュを率いたポル・ポトは1998年にすでに死亡しており，殺し屋とあだ名されていたタ・モク元軍事司令官も2006年7月に死亡した．その他，起訴予定の最高幹部も重要証人も高齢のため，裁判については，公平性・独立性が保てるかどうかのほか，時間との闘いであるとの問題点が指摘されている．

クメール・ルージュは，もともとカンボジアの左翼政党として産声を上げたが，1955年の選挙では1議席も獲得できず，ジャングルでゲリラ戦略を続けていた．しかし，ベトナム戦争を遂行するアメリカの後ろ盾を得て政権についたロン・ノルに対する国民の不満が高まったのを好機に，北東部，農村部での支持を伸ばしていき，サイゴンが陥落する直前の1975年に，プノンペンを占領してロン・ノル政権を打倒し，翌年，国名を民主カンプチアに改めた．

クメール・ルージュは，1975年にロン・ノル政権を打倒してから1979年にベトナム軍がプノンペンに侵攻してポル・ポトを追い出すまで，プノンペンから全住民を農村に下放し，強制労働につかせ，都市のインテリなどを虐殺した．こうして国民の約2割に当たる約170万人が，虐殺や飢餓・病気の犠牲になったとされる．

(3) コソヴォ特別法廷

コソヴォ特別法廷(mixed Panels by the UN administration in Kosovo)は，ICTYで扱われない比較的マイナーな戦争犯罪及び汚職などの通常犯罪を管轄する．

同法廷設立の経緯は，以下のとおりである．

国連コソヴォ・ミッション(UN Mission in Kosovo)は，1999年のSC決議1244で，暫定的な行政を担うことのほかに，広く司法機能を回復する任務も与えられ，同年6月から司法機能の回復に当たるようになった．

コソヴォの司法機関は，訓練された司法官がおらず，アルバニア人過激派の脅しに屈して，アルバニア人は拘束されてもすぐに釈放されることが多いなど，偏向裁判の問題をかかえていた．そこで，段階的に改善が図られ，2000年に初めて国際判事と国際検事各1人ずつが，民族的に分断されているミトロヴィツァに導入され，これをモデルケースとしてコソヴォ全域に広げられた．しか

し，ローカル判事が多数では，思うように偏向裁判を是正できない難点があった．そのため，2000年5月，セルビア人囚人が不当な長期勾留に反対してハンガー・ストライキをし，国際判事と国際検事による公平な裁判を要求したのを受けて，2001年から，国際判事が多数を占める裁判，不起訴処分にされた事件を再度取り上げる権能を持った国際検事の導入に発展した．

コソヴォ特別法廷については，司法機能の回復が治安に寄与している一面は評価されているが，国際基準で公平な裁判をするべく当初から国際判事と国際検事を導入し，徐々に国内化してゆくべきであったとの批判がある．

（4）東チモール特別法廷

東チモールでは，1999年に，独立の賛否を問う国民投票が行われ，独立が圧倒的多数で支持された(2002年5月20日に完全独立を達成)．

これを契機に，独立を阻止しようとするインドネシア国軍及びチモール人民兵は，殺戮キャンペーンを行い，約2000人が殺害され，数十万人が住んでいた家を追われ，ほとんどのインフラが破壊される事態に発展した．これが東チモール紛争である．

東チモールからインドネシア国軍が去った後，東チモール紛争による混乱を収拾して秩序を回復するため，国連東チモール暫定統治機構(United Nations Transitional Administration of East Timor．以下，UNTAETという)が，SC決議1272で設立された．UNTAETは，国民投票前後に重大な暴力行為を行った者を裁くこともその任務としており，2000年に東チモール特別法廷(Special mixed international/East-Timorese Panels)が設立された．現在，東チモールでは，通常犯罪は地方裁判所で，戦争犯罪及び重大犯罪は，ディリ地方裁判所内の東チモール特別法廷で裁かれることになっている．

東チモール特別法廷については，UNTAETのマネジメントの悪さのため，裁判官が任命されないなどの理由で，1年以上も法廷の期日が入らないなど強い批判がある．他方，インドネシアは，自国民である戦犯を東チモール特別法廷に引き渡すのを拒否し，ジャカルタにある戦犯裁判所も，起訴されるのは小物戦犯に限られ，国軍の積極的・組織的な関与を否定し，しかも高率の無罪判決と不合理に軽い量刑のため，厳しく批判されている．

なお，東チモールでは，2006年3月，西部出身の軍兵士らが，免職処分を受けたのを契機に反乱を起こし，同年4月末から大規模な暴動に発展した．

(**5**) ICC と国際化された国内裁判所の関係

ICC Statute の採択後，2000年にコソヴォ特別法廷と東チモール特別法廷が，2002年にシエラレオネ特別法廷が設立された．また，ICC Statute が発効してからも，2003年にカンボジア特別法廷が設立され，アフガニスタンなどについても，同じような特別法廷を作ってはどうかという動きがある．

ICC Statute が採択され発効した後にも，国際化された国内裁判所が作られるのは，証人を現地で調達でき，翻訳などの手間がかからないため，費用が節約できて安あがりな上，迅速に裁判が進められ，かつ，国際的に任命された裁判官や検察官を含めることによって国際基準に近い水準で裁判できることが大きな理由である．

また，裁判は犯罪が犯された地で受け入れられてこそ，民族の和解や平和建設に役立つところ，そのような裁判の効果は，遠く離れた地で裁判するよりも犯罪が行われた現地で行った方が高いと見込まれ，その点からも，現地に設けられる特別法廷の方が優れているのではないかと期待されている．

ICTY や ICTR のような完全な国際裁判所は，国際法を国際的水準で解釈・適用し，国際法の発展に寄与した点，及び証人の保護に万全を期する点では優れているものの，費用と時間がかかりすぎるうらみがある．

ICTY と ICTR を合わせた1年間の予算は，約2億5000万ドルで，国連の通常予算(regular budget)の約10% にのぼる．

ICTY を例にとると，裁判にかかる時間は，身柄拘束から一審裁判の開始までの pre-trial stage(準備期間)が約16カ月，一審裁判開始から控訴審判決までが約16カ月で，合計32カ月＝2年8カ月である．

ICTY や ICTR に対する批判は，国連の通常予算の約10% も使いながら，裁判が長期化して，被告人の迅速な裁判を受ける権利が事実上否定されるとともに，事件が風化しかねない点にある．

それでは，ICC と国際化された国内裁判所の関係はどうなるのだろうか．ICC は，国内裁判所を補充する関係にある．もし，これらの特別法廷の性格

を国内裁判所と認めることができれば，理論的には補充関係がそのまま成り立って，例えば，シエラレオネ特別法廷での裁判が公正な裁判の名に値しなければ，ICC が最終的に決着をつけることになる．しかし，このようなシナリオは考えにくい．これらの特別法廷は，その設立に国際機関がかかわり，国際基準に近い水準で裁判するための工夫がこらされ，政治的には最終審であることが了解されているからである．

そこで，将来とも，次々にシエラレオネ特別法廷のような国際化された国内裁判所が設立されていけば，事実上，ICC の管轄する事件はなくなるのではないかという懸念もあろう．その点については，予想の域を出ないが，特別法廷が作れない事態も考えられるほか，特別法廷ができても，大物戦犯などの場合には，現地で裁判するのは政治的になりすぎて事実上不可能ないし困難なことが考えられる．そのような場合には，シエラレオネ特別法廷がテイラーの裁判を，治安維持の理由からハーグの ICC に場所を借りて行うように，国際化された国内裁判所が裁判を開く場所を通常の場所から移転するケースや，ICC が事件を直接管轄することになるケースがあると思われる．

また，ICTY と ICC の関係については，どちらも完全な国際裁判所であるため，管轄が競合した場合にはどうなるのかが問題である．そのような事態は，セルビアは ICC を批准しており，ICTY は暫定的な裁判所とはいえ，時間的には 1991 年以降の事件であればよく，2010 年に予定される終結前に，例えば，コソヴォ紛争がもう一度起こった場合などに想定される．そのような事態については，「国連憲章による義務と他の国際的合意による義務が競合するときは，国連憲章上の義務が優先する」旨の国連憲章 103 条で解決され，ICTY が優先して管轄することになる．

第 6 節　国内特別刑事裁判所(イラク特別法廷)

イラク特別法廷(the Iraqi Special Tribunal)は，サダム・フセイン逮捕間もなくの 2003 年 12 月に，当時イラクの行政・立法などの権限を握っていたアメリカから暫定的に権限を委譲されたイラク統治評議会(Iraqi Governing Council)が，アメリカの後押しを受けてイラク特別法廷の設立規程を採択・

実施することによって設立された．設立規程は，その後の 2005 年 10 月に，イラク暫定政府(Iraqi Transitional National Assembly)で改めて採択され，特別法廷の名称は，イラク最高刑事法廷(Supreme Iraqi Criminal Tribunal)に改称された．

　裁判は 2005 年 10 月から開始され，現在，サダム・フセインほか，革命裁判所所長，副大統領，異母弟など彼の側近 7 名が裁判中である．管轄犯罪は，戦争犯罪(ジェノサイドの罪，人道に反する罪，戦争の法規及び慣習に違反する罪など)のほかに，クウェート侵攻(地位乱用によって他国に武力行使した罪)，国家の資源を浪費した罪など，サダム・フセインの率いるバース党がクーデタで政権を握った 1968 年 7 月 17 日から，ブッシュ(ジュニア)大統領が「イラクでの主要な戦いは終わった」と宣言した 2003 年 5 月 1 日までに起こった事件である．

　サダム・フセインに対しては，1982 年，ドゥジャイルで起こったサダム・フセイン暗殺計画への報復として 148 人を即決処刑したとされる事件のほか，クルド人の反乱に対して 1988 年に化学兵器でクルド人の街ハラブジャを攻撃して 5000 人を一度に殺したとされる事件，1990 年のクウェート侵攻と占領に関する事件，1991 年の湾岸戦争後，南部沼地に住むシーア派蜂起を暴力的に制圧したとされる事件，イラン・イラク戦争中の事件など合計 11 事件が起訴される予定である．サダム・フセインは，2006 年 11 月 5 日，初めに審理されたドゥジャイル事件で死刑を宣告された．そこで，後述のとおり，判決確定後 30 日以内に刑が執行されてしまえば，その他の事件は審理されないまま闇に葬られ，歴史的真実が日の目を見ずに終わることになる．

　ところで，戦犯裁判の目的は二つある．一つは，戦犯が自己の野望を実現しようと民族紛争を煽っても，決して権力維持や奪取の野望は実現せず，待っているのは刑罰であることを一般に知らしめ，将来，同じような戦犯が現れて戦争犯罪が犯されるのを防止するという「法の支配」を打ち立てること．もう一つは，真実を知らされていなかった一般市民に，過去の歴史の真相を洗い出して真の責任者を明らかにすることによって，反目していた民族同士が互いに他民族に負わせていた不当な責任を解除し，将来の民族和解につなげることである．

とくに，イラク特別法廷の役割として期待されるのは，後者であろう．なぜなら，裁判という形式をとることによって即決処刑されることがなかったとはいえ，サダム・フセインを待っていたのは，処罰であったことは明らかであり，イラクは，イラク戦争以来，サダム・フセインのバース党に優遇されていた少数派のスンニ派，多数派のシーア派，少数民族のクルド人が，三つ巴の争いを繰り返し，内戦の危機から抜け出していない状況にあり，現在，必要とされているのは，将来の民族和解と平和建設の基礎となるべき歴史的真実の発見だからである．

このような戦犯裁判の効果は，いやしくも不公正な裁判として批判されるようなものであっては期待できない．このような観点からイラク特別法廷を見ると，裁判官は，バース党の党員でなかったイラク国籍を有する者の中からイラク統治評議会が選任する「ポリティカル・アポインティ」である点や，資格・訓練が不充分な点は問題である．また，サダム・フセインの弁護団は，イラク人の Khalil Dulaimi，アドバイザーは Ramsey Clark 元アメリカ連邦検事総長であるが，裁判開始以来，弁護人3人が殺害されている上，弁護人の証拠閲覧や弁護権が充分に保障されていないのも問題である．また，有罪にするには「合理的に疑いを入れない程度の立証（＝99.9％の立証）は必要なく，合理的納得(reasonably satisfied of guilt)の程度（＝75％の立証）」で足りる点，確定後30日以内に判決が執行される点も問題で，さらに，死刑を廃止しているヨーロッパ各国は，死刑が適用される点も問題としており，国際基準を満たしていないと批判されている．

第2章　国際刑事裁判所(ICC)とは何か

第1節　設立の経緯

　ニュルンベルク裁判や東京裁判は，ニュルンベルク原則の採択など，その後の国際法の進展に役立った一面はあったが，勝者の裁判でしかなかったため，戦後世界に「法の支配」を打ち立て，極悪非道な犯罪が繰り返されるのを絶つ効果はなかった．

　そこで，国際的な刑事裁判所を設けて「法の支配」を打ち立てる試みが，第二次世界大戦後間もなくから再度試みられることになった．それは，1947年に，国際法委員会(International Law Commission. 以下，ILCという)に，ジェノサイドの罪などを犯した個人を裁く国際機関を設置することの可否について，検討が委ねられたときに遡ることができる．ILCは，1951年，国際的な刑事裁判所を設置するための具体的な提案をし，1953年には，その改正案も提案された．しかし，当時は冷戦構造の中にあり，国際的な司法機関を設けることは国家主権の侵害だという考え方が強く，提案を実現するには至らなかった．そして，冷戦が終結してからも，国家主権についての意見の対立は，弱まったとはいえ存在することに変わりはなく，そのために，長い間，国際的な刑事裁判所を設ける考え方が，実際の動きと結びつくことはなかった．

　ところで，前述のとおり，1993年にSC決議827でICTYが，1994年にSC決議955でICTRが，それぞれ設置された．これらの裁判所は，予防外交や和平工作が失敗したため，民族浄化という緊急事態に対応する最後の手段として設置されたものであるが，国際的な刑事裁判所の設置に現実的な弾みをつけることになった．こうして国際刑事裁判所(ICC)は，1998年7月17日にローマで設立にこぎつけた．それは，国際社会の永年の夢を実現する第一歩を画するものであった．そのため，ICC設立規程(Statute of the ICC. Rome Statute又はICC Statuteと通称される)を採択した会議場は，この種の会議にはめずらしく，採択を祝う興奮に沸いたという．

ICC の締約国(2006 年 9 月現在)

ICC は，2002 年 7 月 1 日に発効し，2006 年 9 月現在の締約国は，102 カ国で，ヨーロッパ諸国及びラテンアメリカ諸国のほとんど，アフリカ諸国の多くが締約国になっているが，アジア諸国のうち締約国になっているのは，モンゴル，カンボジア，アフガニスタンなど少数である．

第 2 節　捜査と管轄犯罪及び ICTY との違い

（1）　捜査はどのように開始するか

ICC が事件の捜査を始めることができるのは，①締約国（管轄受入国も含む）が事件を付託したとき，②平和に対する脅威，平和の破壊，及び侵略行為であるとして，国連憲章 7 章に基づき，国連安保理が事件を付託したとき，③検察官に寄せられた情報によって検察官が捜査の端緒と認めたときである．検察官は，①～③によって捜査の端緒をつかんでも，必ず捜査しなければならないわけではなく，事件の重大性や証拠関係などを調べ，場合によっては予備的な捜査をして，全面的に捜査を開始する場合もあれば，捜査不開始の決定をすることもある．捜査不開始の決定をした場合は，捜査の端緒を与えてくれた者に通知される．

ICC は二審制である．ICC の裁判部の構成は，一審裁判前の準備をする Pre-Trial Chamber，一審裁判を担当する Trial Chamber，控訴審裁判を担当する Appeal Chamber からなる．それぞれの Chamber は裁判官 3 人から

なる2部構成である．検察官の捜査・起訴については，3人で構成される Pre-Trial Chamber の1部の多数(=2人)の同意が必要である．

検察官は，捜査を遂げた結果，証拠不充分であったり，補充の原則に違反している場合には，もちろん不起訴の決定ができるが，それ以外にも，「真実と和解委員会」の活動を優先し，又は停戦プロセスを先行させるのが妥当として，不起訴の決定をすることも可能である．不起訴の決定をした場合には，Pre-Trial Chamber, 及び事件を付託した締約国又は国連安保理に必ず通知される．

締約国又は国連安保理が事件を付託したにもかかわらず，検察官が捜査不開始又は不起訴の決定をした場合には，Pre-Trial Chamber は，締約国又は国連安保理の要求により，検察官に再考を促すことができる．とくに，証拠が充分で事件が重大であっても，「真実と和解委員会」の活動を優先し，又は停戦プロセスを先行させるのが妥当として，検察官が捜査不開始又は不起訴の決定をしたときには，Pre-Trial Chamber は，検察官の決定を職権で調査することができ，その場合には，Pre-Trial Chamber が検察官の決定を認めた(confirm 確認＝確かめて是とすること)ときにだけ，検察官の捜査不開始や不起訴決定は有効とされる．

(2) どのような犯罪を管轄するか

ICC の管轄する犯罪は，今のところ，国際慣習法として確立している戦争犯罪に限られる．ICC の管轄犯罪を麻薬取引や国際テロなどにも広げようとする意見もあったが，戦争犯罪とは罪質も違い，定義が難しいなどの理由で見送られた．また，平和に対する罪も管轄することになっているが，未だ，内容についての合意はない．ICC は，多数国間の条約なので，締約国が合意すれば管轄犯罪を広げることも可能であり，平和に対する罪についての管轄も，個人の刑事責任を生じさせる意味での侵略の定義ができれば，実質的意味を持つことになる．

これに対し，ICTY や ICTR の管轄犯罪は，1991年当時，すでに国際慣習法として確立していた戦争犯罪だけであるが，第3章で後述するように，ICC と ICTY や ICTR の管轄する戦争犯罪の構成要件は，互いに大部分が重なっている．

(3) ICC と ICTY の違い

　ICC と ICTY の違いの第一点は，国内裁判所との関係である．ICTY は競合・優先の関係にあるのに対し，ICC は補充の関係にある．つまり，ある事件について，ICTY は，国内裁判所と並んで裁判権を有し，ICTY が自分で裁判した方がよいと思えば，いつでも国内裁判所に事件の移送を要求できるのに対し，ICC は国内裁判所を補充する関係にあり，国内裁判所が正常に働かない場合の最後の砦にすぎない．

　この点は，一見すると，ICTY の方が，国際裁判所として一歩先んじている感じがするが，ICTY の設立当時，旧ユーゴが紛争状態にあって，国内裁判所の民主的な働きを期待できなかったために，そのようになったにすぎない．ICTY でも，旧ユーゴを構成していたボスニア，クロアチア，セルビアに民主的な司法の働きが回復すれば，とくに大物戦犯の事件以外は国内裁判所に順次任せてゆく方針がとられ，2006年8月11日現在，9人の被告人の事件が ICTY から国内裁判所に移送されている．

　補充関係は，裁判は，それが国内で受け入れられて初めて民族の和解や犯罪の予防が期待できることのほか，国際社会は未だ世界連邦を形成するに至っておらず，国家主権はできる限り尊重しなければならないという世界の現状を踏まえたものである．

　第二点は，捜査を開始するイニシャティブである．ICTY では検察官が様々な情報に基づいて職権で捜査・起訴するだけなのに対して，ICC では，この他に，締約国と国連安保理に，検察官に捜査の開始を促す告発権のようなものが認められている．

　しかし，締約国又は国連安保理から捜査の要求があっても，捜査を開始するかどうかは，公判前の準備手続きを担当する Pre-Trial Chamber の多数（＝2人）の同意を条件に，検察官の判断に任されている点は，前述のとおりである．

　第三点は，管轄する事件の時と場所である．ICTY は，1991年まで遡及して，それ以降に旧ユーゴで起こった事件だけを管轄する．これに対して，ICC は，ICC Statute 発効前からの締約国については，ICC Statute が発効した2002年7月1日以降，ICC Statute 発効後の締約国については，それぞれの国について ICC Statute が発効した日以降に起こった事件であって，犯人の国籍

か犯罪地が締約国(締約国ではないが，ICC の管轄を受け入れる宣言をした国も含む)である事件を管轄する．ただ，国連安保理が国際平和と安全に対する脅威だとして付託した事件については，犯人の国籍や犯罪地が締約国である必要はない．

第3節　活動の現状

ICC が，現在，捜査中の事件は，締約国が付託したコンゴ民主共和国の事件，ウガンダの事件，及び国連安保理が付託した非締約国スーダンのダルフールの事件である．中央アフリカ共和国の事件も同国によって付託されたが，捜査開始の決定には至っていない．

(1) コンゴ民主共和国の事件

コンゴ(1971～97 年の国名はザイール)は，1960 年の独立以降，腐敗した独裁政権，豊富な鉱物資源に対する利権闘争及び民族対立に悩まされていた．ルワンダ紛争が 1994 年に起こると，ルワンダ難民がザイール東部に押し寄せ，フツ族民兵が難民キャンプを牛耳り，国境を越えてルワンダに侵入を繰り返した．他方，新たに政権についたツチ族主流のルワンダ新政府は，フツ族民兵の侵入に対抗して，ザイール東部のツチ族に武器を供与した．こうして，Great Lakes 地方全体は一気に不安定化していき，ウガンダなど周辺諸国も介入して，1996 年から第一次コンゴ紛争が始まった．

1997 年 5 月，カビラは，モブツ政権を倒して，国名をコンゴ民主共和国に改めた．カビラは，政権に対する外国，とくにルワンダの支援を払拭するため，ルワンダ軍をコンゴから撤退させたが，この措置に不安をつのらせたコンゴ東部のツチ族は，1998 年 8 月に蜂起し，これに周辺諸国，とくにルワンダ及びウガンダが介入して第二次コンゴ紛争が始まった．

コンゴ北東部のイトゥリ紛争は，第二次コンゴ紛争中に戦われた熾烈な紛争で，牧畜民族ヘマ族と農耕民族レンデュ族との対立は 1998 年には地域全体に広がる紛争に発展し，1999 年，ウガンダがヘマ族を州知事につけてイトゥリ州を創設したのを契機に，紛争はますます激化していった．

コンゴ政府は，2004 年 4 月にイトゥリ紛争に係わる事件を ICC に付託し，

ICC の捜査は同年6月に開始され，2006年2月10日にトマ・ルバンガに対する逮捕状が出された．彼の身柄は，同年3月17日にコンゴからハーグに移され，現在ハーグに勾留中であり，ICC で裁かれる戦犯第一号となる見込みである．

ルバンガは，ウガンダの後ろ盾を得て，2000年にイトゥリ地方にヘマ族の民兵組織 UCP(Union of Congolese Patriots)を作り，それから数年間，主にレンデュ族民間人に対して，大量殺害，拷問，レイプ，手足の切断などを行ったとされている．とくに，ルバンガは，2002年9月，UCP の軍事部門 FPLC (Forces Patriotique pour la Liberation du Congo)を作って自ら司令官となったが，FPLC が支配下に置いた地域のすべての世帯に，金か牛か子供を供出することを強制し，15歳未満の少年兵を強制徴用して戦闘で積極的に使用したとされ，この点がとくに問題にされている．

イトゥリ紛争では，8000人以上の民間人が死亡し，60万人以上が追放されたと推定されている．

なお，コンゴ紛争では，約3万の少年兵が徴用されたと推定され，400万人が死亡し(そのうち，80～90%は飢餓や病気で死亡)，340万人以上が追放されて難民になったと推定されており，とくに，レイプが戦闘の手段として多用され，報告の上がってきているものだけで4万件を超えている．

第二次コンゴ紛争は，ルワンダ及びウガンダとコンゴとの停戦が成立した後，残されていたコンゴ国内の勢力による停戦合意が2002年12月17日に成立して，正式に終わった．同合意は，臨時政府(Transitional Government)の樹立と民主的選挙を予定している．臨時政府は，2003年7月に成立し，大統領選挙は2006年8月に行われて，2001年に暗殺されたカビラの息子がリードしたが，過半数を獲得できず，2006年10月に決選投票が行われた．これを契機に民主化と和平の永続が期待されているが，未だ先行きは不透明である．

(2) ウガンダの事件

ウガンダの事件は，1987年にウガンダ北部のアチョリ地方を拠点として形成された反政府ゲリラ組織 LRA(The Lord's Resistance Army．ムセヴェニ大統領の政策に反対して組織された反政府軍 Uganda People's Democratic Army から分離して作られた)によって引き起こされた．

アチョリ地方では，20～30%の世帯が，家族の誰か1人が軍に職を得て現

第3節 活動の現状　49

金収入を得ており，伝統的に，兵士の出身地として名高い．ところが，1986年1月，南部出身のムセヴェニが率いるNRA（National Resistance Army＝ウガンダ国民抵抗軍）が，アチョリ出身のオケロ大統領の政権を倒し，アチョリ地方を占領して，約1万の軍隊の職を奪った．NRAは，アチョリ地方の人々からは訓練されていない素人の外人部隊と見られており，軍隊の職を奪われることは，アチョリ地方の人々にとって暴虐と受け止められた．

　LRAは，このような状況を背景に形成されたため，NRAに対する屈辱感と反感をつのらせていたアチョリ地方の人々の支持をある程度受けていたが，「聖書の十戒による統治」を主張するなど，目的がはっきりせず，住民に残虐行為を働いたため犯罪集団と見られるようになり，人々の支持を失った．

　ウガンダ政府は，1991年に弓矢部隊を形成してLRA掃討作戦Operation Northを実施した．しかし，LRAは反撃を強め，政府軍支持者と見られる民間人に攻撃のターゲットを向け，多くの人の手足を切断するなどした．そこで，ウガンダ政府は再度，2002年3月，銃器による大規模なLRA掃討作戦Operation Iron Firstを展開したが，戦線は北部のみならず東部にも拡大してしまい，LRAのみならずウガンダ政府軍に誘拐される子供や，家を追われる者が飛躍的に増え，殺人・放火・レイプ・拷問が行われていると推測されている．

　LRAの兵士の85%は，誘拐され強制入隊させられた少年兵で，誘拐された少年は2,3万人と推定されている．この戦いで殺された者は1万2000人，家を追われた者は160万人と推定されている．

　なお，本件は，2004年1月，ウガンダ政府によってICCに付託され，同年7月にICCによる捜査が開始された．17年間にわたる内戦のうち，ICCが対象としているのは，2002年7月以降に起こった犯罪である．ICCは，政府軍による少年兵の使用も含めて捜査しているが，重大さにおいて，LRAの行為がはるかに政府軍のそれを凌いでいるとされ，2005年7月8日，LRAのリーダーであるジョゼフ・コーニーら5人に対するICCの逮捕状が公表された．なお，ムセヴェニ政権は，和平交渉を優先させるため，ICCへの付託を取り下げたい意向を示している．

（3）　スーダンの事件（ダルフール紛争）

　「フール族の土地」を意味するダルフールは，かつてダルフール王国が存在し，エジプトの支配を経て，第一次世界大戦でオスマン・トルコに味方して敗

北し，そのためにイギリス領スーダンに組み入れられ，1956年にイギリスから独立する際，スーダンの一部となった地域である．

ダルフール紛争は，2003年2月，アラブ寄りの姿勢を強める政府に対し，「政府は，アラブ人のために非アラブ人を抑圧している」として反乱軍がダルフールの自治を求めたことに端を発する．政府は不意をつかれ，急遽，ローカルなアラブ人を募集して民兵組織ジャンジャウィードを作り，これに武器を供与して戦わせ，ジャンジャウィードを支援するために大規模な空爆を行うなどした．

ダルフール紛争では，内陸で援助物資はほとんど何も届けられず，30万人が戦闘のほか飢餓・病気などで死亡し，180万人以上が難民となり，20万人が隣国チャドに避難したと推定され，地上の地獄絵を呈するに至った．そのため，国際的な注目をあびて，和平への圧力がかけられたが，政府は，非アラブ代表の野党議員ハッサン・アル゠トゥラビを2004年3月に投獄(同年12月に釈放)するなどし，またジャンジャウィードとの関連を否定して，盗賊，ギャングなどと言って長らく放置していた．

しかし，和平交渉の結果，2006年5月5日，①ジャンジャウィードを武装解除すること，②反乱軍をスーダン政府軍に組み入れること，③ダルフール地方への交付金，家を失った被害者に対する補償金の支払いなどを内容とする停戦協定が，スーダン解放軍(SLA)との間に成立した．ただし，SLAの分派や「正義と平等運動」(JEM)は，停戦協定に署名しておらず，今後の和平に懸念がもたれている．

ダルフール事件は，2005年3月31日のSC決議1593によってICCに付託され，同年6月，ICCの捜査が開始された．国連安保理は，ダルフール事件を付託するに先立って，ダルフール調査国際委員会(International Commission of Inquiry on Darfur)を作った．同委員会は，「スーダン政府職員及び民兵のほか，反乱軍兵士や外国人によって，人道に反する罪や戦争犯罪が犯されており，スーダンの国内司法機関は機能していない」旨の報告書を作成し，ICCに事件を付託するのが相当として，非公表ながら51人の容疑者を挙げている．

なお，停戦を実施して和平を実現させるためには，停戦破りを許さないマンデートをもった国連平和維持活動(PKO)の展開が必要であるが，スーダン政府に拒否され，めどが立たないまま，政府軍と反政府勢力との衝突が再び激化

している．

第4節　ICC に対する各国の対応

（1）各国の対応

　ICC 採択に当たって反対した国は，アメリカ，イスラエル，イラク，カタール，リビア，中国，イエメンの7カ国である．日本は，ICC 採択に当たって賛成した．署名期間内に署名せず，未だ加入していないのは，国内法との整合性など ICC Statute の検討に時間を要したためと，ICC に加入すれば，ICTY に対する費用負担も大きい中で，ICC にアメリカの加入が見込めない状況では第一の大口拠出国となるため，費用負担の観点から加入時期を慎重に決める必要があるからである．

　イスラエルの反対理由は，占領地に対する入植が戦争犯罪(the war crime of the transfer of parts of the civilian of an occupying power into occupied territory)とされる可能性があるというものであり，署名したが後に撤回している．

　中国の反対理由は，ICC Statute は他国に対する内政干渉の道具であるというものであり，自国が ICC に反対であるのみならず，他国が ICC に加わることにも反対している．

　アメリカも，ICC Statute が採択された際，反対票を投じた．ところが，クリントン政権は，2000年12月31日，ICC Statute に署名した．

　しかし，この署名は，ICC Statute をアメリカの意向に沿ったものにするための手段としてなされたもので，批准を予定したものではなかった．それは，署名の際，クリントンが，「アメリカは国際社会に法の支配が打ち立てられることを歓迎する．……しかし，ICC Statute には，多くの欠点がある．……署名は，アメリカが影響力を行使して，その欠点を直すためのものである．……後継者には，欠点がなくなるまで締約国になることを勧めない」と述べていることに明確に示されている．ブッシュ(ジュニア)政権は，2002年5月6日に署名を撤回した．

（2）アメリカの反対理由

　アメリカは，ICC が管轄する犯罪の構成要件を狭くするとともに，捜査・起訴の最終決定権を（アメリカが拒否権を有する）国連安保理に持たせようとして，ICC Statute の審議に臨んだ．しかし，アメリカの主張は一部しか認められなかった．そのため，アメリカは ICC Statute に反対しているわけであるが，反対理由の要点は，以下のとおりである．

　① ICC Statute は，捜査・起訴の権限を Pre-Trial Chamber の 2 人の裁判官の同意を条件に，検察官に与えている．国連安保理は，ダルフール事件がそうであるように，国際の平和と安全を脅かす事件を ICC に付託し捜査を促すことができるだけで，検察官のイニシャティブによる捜査・起訴をチェックできない．ノー・チェックの強大な権限は，政治的な捜査・起訴を生む恐れがあり，国連憲章によって認められた国際平和を維持する国連安保理の権限を損なう．ICC は，何を捜査・起訴すべきか，世界を見渡してその安全のため責任ある決定をする機構とは言えず，国連安保理のチェックを受けるべきなのに，国連安保理のチェックが必要とされていないのはおかしい．

　② ICC Statute によれば，アメリカが締約国にならなくても，アメリカ人が締約国の国内で犯罪を犯せば，アメリカ人を拘束して ICC に引き渡し，裁判できることになっている．それは，アメリカの主権を害する．また，アメリカは国際平和の維持に特別な任務を負っているところ，海外で活躍するアメリカの部隊が捜査・起訴される可能性があるというのは，ターリバーンのような政体を倒し，民主主義を打ち立てるための軍事力の行使に冷や水を浴びせることになる上，アメリカの部隊が，ICC の政治的な捜査・起訴の対象にされる恐れがあるということである．

　なお，アメリカは，ICC Statute の審議の過程で，犯人の国籍国の同意がなければ ICC の管轄が生じないようにしようとしたが，容れられなかった．つまり，アメリカが同意しなければ，恒久的な免責を得られるようにしようとしたが，大方の賛成を得られなかったのである．

　そこで，アメリカは，「アメリカの国連平和維持部隊が ICC の捜査・起訴から免責されないのなら，ボスニアからアメリカ部隊を引き上げる」と主張しだした．これに対して，ヨーロッパ諸国は，「国内裁判優先の原則があり，心配

することはない」と反論したが，アメリカは，「ターリバーンとアルカーイダの残党狩りに協力したイギリス，フランス及びドイツを含む国際安全協力軍(International Security and Assistance Force)が，アフガニスタン政府との間に交わした合意では，「アフガニスタンは，派兵各国の政府の同意なしに，国際裁判所その他の機関又は外国に，派兵各国の兵を引き渡さない」旨の免責合意をとりつけており，他方でアメリカを批判するのはダブル・スタンダードではないか」と切り返して譲らなかった．

　2001年12月，イギリスは，国際安全協力軍(International Security and Assistance Force. 以下，ISAFという)を代表してハーミド・カルザイの率いるアフガニスタン政府と "military technical agreement" を結んだ．それによれば，アフガニスタン政府は，ISAFで活動する各国民を逮捕せず，また，どのような国際裁判所にも引き渡さないという免責を与えている．

　そこで，結局，2002年7月12日に，「非締約国の平和維持部隊については，国連安保理の同意がなければ，1年間，捜査・起訴できない．この1年の期間は更新できる」旨のSC決議1422が採択されることになった．これは，アメリカが1年のうちに犯人を帰国させ，犯人の引渡しなどICCに協力しなければ，事実上，捜査・起訴できないことを狙ったものである．しかし，それでもアメリカは，国連安保理のチェックが不充分だと心配している．つまり，国連安保理は，1年間は捜査・起訴を猶予させられることになっているが，これもアメリカ以外の常任理事国が拒否権を行使すれば，使えないからである．

　ところで，SC決議1422については，外交会議で採択されたICC StatuteをSC決議で実質的に変更できるのかについて，疑問が呈せられている．

　さらに，SC決議1422は，ICC Statute 16条の解釈の形をとっているが，同条はもともと，ICCによる捜査・起訴が，微妙な和平交渉に悪影響をもたらさないよう，国連安保理に捜査・起訴の延期を要請する権限を認めたものにすぎない．つまり，ICC Statute 16条は，「国連安保理が，国連憲章7章に基づく決議を採択してICCに要請したときは，12カ月間，捜査・起訴は行われない．この要請は更新できる(No investigation or prosecution may be commenced or proceeded with under this Statute for a period of 12 months after the Security Council, in a resolution adopted under Chapter VII of the Charter of the United Nations, has requested the Court to that effect; that request may be renewed by the Council under the same conditions.)」と定めているが，この規定は，微妙な和平交渉に，ICCによる捜査・起訴が悪影響をもたらさないよう，国連安保理に捜査・起訴の延期(筆者注：中止ではない．しかし，更新も可能で，事実上中止の効果をもつこともある)を要請する権限を認めたものであり，特定の者に実質的な免責を与えることを狙ったものではない．

　2003年，アメリカはこの猶予期間をさらに1年延長する提案をし，SC決議1487が採択された．しかし，2004年6月，アナン事務総長が「安保理及び国連の信頼を損なう恐れがある」として延長決議に反対の意向を表明したため，またイラクでのアルグレイブ刑務所の囚人虐待が明るみに出たことなどを考慮して，アメリカはさらなる猶予期間延長の決議案を撤回した．

　③ ICCは平和に対する罪も管轄することになっている．将来，平和に対する罪の定義が合意されれば，平和に対する罪についても，ICCの検察官が捜査・起訴し，裁判官が判断することになる．これは，侵略戦争の判断を国連安保理だけに任せている国連憲章に反する．

　④ 法の支配を打ち立てるには，ICCよりも国内裁判所に頼るべきである．アメリカ国内では充分に公平で公正な検察権・裁判権が行使されており，刑事司法におけるアメリカの主権を弱める試みには反対である．国内裁判所が不完全な国については，制度支援(assistance for institution building)も考えられるし，ICTYのような暫定裁判所を状況に応じて設けることも考えられる．

　⑤ ICC Statute 121条によれば，平和に対する罪を含む新たな罪が設けられたとき，ICCの締約国は，新たな罪を批准しないで，これに縛られないチョイスをすることが可能である．また，124条によれば，(筆者注：ジェノサイドの罪や人道に反する罪に比べれば軽い)戦争犯罪については，締約国になったときから7年間は，ICCの管轄を排除できる．しかし，(筆者注：アメリカなどの)非締約国には，これらの権利が認められていない．それは不公平である上，新たな罪を締約国が作って非締約国を縛るのはおかしい．また，戦争犯罪も具体的適用例が少なく，ICCという裁判機関が解釈によって，実質的な立法権

を行使することになるのも問題である．

(3) アメリカのICC対策法
(i) 「ハーグ襲撃法」
アメリカは，ICC発効に備えて，American Servicemembers Protection Act of 2002を，2002年1月23日に制定した．これは「ハーグ襲撃法」とあだ名され，「アメリカは，ハーグの拘置所からアメリカ人を奪還するため，直接的な武力行使に訴えるつもりなのか」とオランダの人々を驚かせた．

アメリカは，そのようなことを考えているわけではないと説明しており，同法の内容は，以下のとおりである．

① アメリカがICCと協力するのを禁止する．協力とは，例えば，連邦裁判所をはじめとする合衆国及び州の政府機関が，ICCの協力要請に応じて，捜査・引渡し・秘密情報の提供・調査回答などをすることである．ただし，後に，ICCがアメリカの敵国についての事件を扱っているときには，協力することができるように改正された．

② アメリカ軍人などがICCに身柄を拘束されているときには，その者の身柄を自由にするため，すべての必要かつ適切な手段を行使する権限(筆者注：ハーグ襲撃法とあだ名される所以であるが，明文では「すべての必要かつ適切な手段 all means necessary and appropriate」となっていて，軍事的手段とは書かれていない)を大統領に付与する．

③ NATO諸国，その他の同盟国，及びアメリカ国民をICCに引き渡さない旨の98条合意(後述)を締結した国を除いて，ICC締約国には軍事援助をしない．

(ii) 98条合意＝アメリカ人不引渡しの合意
アメリカは，SC決議1422及びハーグ襲撃法に念をおすように，ICC締約国となった各国に大使を派遣し，いやしくもアメリカ人をICCに引き渡すことがないよう，合意をとりつけようとしている．

なお，ICC Statute 98条は，免責特権を有する外交使節の引渡しを禁じる国際法上の義務に背くこと，又はその他の条約上の義務に背くことを被要請国に

強いることになるときは，ICCは引渡し要請をしない旨，規定している．同条は，軍人の地位協定，外交使節についての合意，犯罪人引渡し条約に言及したもので，これらの目的にのみ使うことができ，一般的にある国の国民(例えば，アメリカ人)をICCに引き渡すことを禁じるためには使えない．したがって，98条合意は，ICC Statute 98条に沿うものではないが，形式的文言を借りているため，そのように呼ばれる．

98条合意は，アメリカも98条合意の相手国に対して同様の義務を負う双務的な場合もあるが，片務的合意もある．98条合意の締結方法は，98条合意を結ばなければ，軍事援助及び経済援助をストップするという強引なものである．なお，98条合意の要点は，以下のとおりである．

① アメリカの現役又は元の軍人・役人，アメリカに雇われた人(外国人を含む)，アメリカ人を，ICCに引き渡すことを禁じる．

② 引き渡さなかった場合，アメリカ国内での捜査・訴追は，必ずしも義務ではない．

　　2004年，外国援助法(Foreign Appropriations Bill)に，「ICC締約国で，かつ，98条合意非締結国に対しては，援助を凍結する」旨の改正が加えられた．凍結される援助は，例えば，HIV/AIDS教育，「真実と和解委員会」活動，車椅子配布，テロ抑止国際活動，麻薬取引防止イニシャティブなど，広い範囲の政策プログラム援助が含まれる．

　　これにより，アメリカは，2003年，ヨーロッパ諸国9カ国を含む35カ国(ブラジル，コスタリカ，ペルー，ベネズエラ，エクアドル，南アフリカなど)に対する軍事援助をストップした．

　　98条合意締結国は，2005年6月までに，ルーマニア，イスラエル，インドなど，主にICCの非締約国を中心に100カ国余りである．このうち，98条合意について国会の承認を得ている国は，30%以下にすぎない．58カ国はアメリカの圧力にもかかわらず締結を拒否し，カナダ，エストニア，ブラジル，ペルー，南アフリカ，トリニダード・トバゴなど54カ国は，公にアメリカを非難している．

　　EU評議会は，共通の立場(common position)を表明するまで，98条合意を結ばないようメンバー国及びメンバー候補国に要請していたが，2002年10月，一般的に，アメリカ人を引き渡さないというものではなく，アメリカ軍人

やアメリカ外交使節などについては，アメリカでの訴追が保証されれば，98条合意を締結してもよいという共通の立場(common position)を表明した．

第3章 戦争犯罪とは何か

第1節 国際的な刑事裁判所が管轄する犯罪

　ICTY は，旧ユーゴの民族浄化という緊急事態に早急に対応するため，1993年に SC 決議 827 によって設立され，紛争が勃発した 1991 年に遡って，犯された戦争犯罪を裁くこととされた．したがって，罪刑法定主義の要請から，ICTY が管轄するのは，1991 年当時，すでに誰の目から見ても疑いなく国際慣習法として確立していた戦争犯罪である．

　他方，ICC は，将来に向けて法の支配を打ち立てるため，ローマ外交会議で設立された．したがって，平和に対する罪など，新たな立法作業を行うことも理論的には可能であったが，そのようなことは行われなかった．また，麻薬の不正取引やテロなどをも ICC の対象犯罪とする考え方もあったが，これらの犯罪は，戦争犯罪とは性質も違い，政治的になるなどの理由で入れられなかった．そこで，現在のところ，ICC の管轄する犯罪も，確立した国際慣習法としての戦争犯罪に限られている．

　ただ，ICC は，ベトナム戦争後の国際法の発展，とくに，1977 年のジュネーヴ追加議定書 I 及び II を取り込んでいる点で，ICTY と違う．しかし大まかに言うと，両者ともに戦争犯罪を管轄していると言って差し支えない．

　そこで，以下では，理解を容易にするため，より簡明な ICTY の戦争犯罪を中心として説明し，ICC の戦争犯罪については，その後の発展及び ICTY との違いを説明する．

第2節 戦争犯罪とは何か

　戦争犯罪とは，何だろうか．

　戦争犯罪とは，最広義には，①1949 年のジュネーヴ四条約の重大な違反の罪，②戦争の法規及び慣習に違反する罪，③ジェノサイドの罪，④人道に反す

る罪，のすべてを指し，広義には①及び②を指し，狭義には②だけを指す．

このような説明は，紛らわしい．しかし，戦争犯罪という呼称の由来に遡れば，理解が容易である．

つまり，戦争には手段及び方法についてのルールがあり，その法的枠組みは，主に，1907年の「陸戦に関する法と慣習についてのハーグ条約及び付属規則」（以下，ハーグ陸戦法規という）に定められている．そこで，戦争についてのルールは，その後の発展を含めてハーグ・ルール（Hague Rule of Warfare）と総称される．ハーグ陸戦法規に違反する罪として挙げられているのは，例えば，毒ガスの使用や文化施設の破壊などで，狭義の戦争犯罪であり，上記の②がこれに当たる．

これに対して，戦争時における，傷病者，民間人，捕虜など保護対象者に対する人道的取り扱いについての法的枠組み（＝国際人道法）は，主に，1929年のジュネーヴ条約及びそれを発展的に引き継いだ1949年のジュネーヴ四条約に定められている．そこで，戦争時の国際人道法のルールは，その後の発展を含めてジュネーヴ・ルール（Geneva Rule of Warfare）と総称される．国際人道法のルールの中核を占めるのは，1949年のジュネーヴ四条約に定められる重大な違反を犯罪として禁圧すべき旨の規定で，これに違反する罪が上記の①である．

以上のように，上記の①及び②は，歴史的に古くから存在し，戦時の犯罪の双璧をなしてきたため，二つをあわせて戦争犯罪と呼ぶことがあり，それが広義の戦争犯罪である．

> なお，ジュネーヴ四条約とは，「陸戦の傷病兵の状況改善に関する条約」（ジュネーヴ条約 I），「海戦の傷病兵の状況改善に関する条約」（ジュネーヴ条約 II），「捕虜の取り扱いに関する条約」（ジュネーヴ条約 III），「戦時における民間人の保護に関する条約」（ジュネーヴ条約 IV）を指す．これらの条約は，1949年8月12日のジュネーヴ外交会議で一括採択された．
>
> ジュネーヴ条約 I は，戦争の形態が，当初は陸戦を主体にしていたことから，ジュネーヴ諸条約の中でも最初の1864年に作られ，1906年に改正され，1929年に再改正され（1929年のジュネーヴ条約 I），1949年に発展的に再々改正された．

第2節　戦争犯罪とは何か　　61

　ジュネーヴ条約 II は，その後の海戦の発達と惨劇を教訓に，1899 年に「ジュネーヴ条約の原則を海戦に適用する条約」ができ，1907 年の海戦に関するハーグ条約 X(the 1907 Hague Convention No. X)も踏まえて，1949 年に発展的に改正されたものである．

　ジュネーヴ条約 III は，1907 年のハーグ条約 IV の捕虜の保護についての規定を補充するために作られた 1929 年のジュネーヴ条約 II を，1949 年に発展的に改正したものである．

　ジュネーヴ条約 IV は，1899 年のハーグ条約 II 及び 1907 年のハーグ条約 IV の占領地の住民保護についての規定を，民間人の死者が半数を占めた第二次世界大戦の教訓を生かして補充するため，1949 年に作られた．

　ジュネーヴ諸条約追加議定書 I 及び II は，第二次世界大戦後も，植民地独立闘争などの地域紛争が多発したこと，とくに民族統一のため戦われたベトナム戦争の教訓を生かして，それまでのジュネーヴ諸条約を補完するため，1977 年に作られた．

　そもそも，ジュネーヴ諸条約ができたのは，1859 年イタリア統一戦争におけるソルフェリーノの戦いで傷ついた兵士の惨劇を目の当たりにしたアンリ・デュナンが『ソルフェリーノの思い出』を出版し，傷病兵を敵味方の区別なく救護する団体を組織すること，及び，そのような組織が，戦場で安全に活動できるよう国際的取り決めを結ぶことを提案したのがきっかけである．救護団体の組織化の提案は，国際赤十字委員会及び各国赤十字社として実を結び，国際的取り決めはジュネーヴ諸条約として実を結んだ．

　なお，日本は，1949 年のジュネーヴ四条約に 1953 年に加入し，追加議定書 I 及び II に 2004 年に加入している．2006 年 3 月現在の締約国数は，1949 年のジュネーヴ四条約が 192 カ国，追加議定書 I が 163 カ国，追加議定書 II が 159 カ国である．

　ハーグ・ルールの起源として，通常，挙げられるのは，1907 年のハーグ陸戦法規であるが，さらにそのもとになったのは，1868 年のサンクト・ペテルブルグ宣言(爆裂弾の禁止)，1899 年のハーグ陸戦条約及び陸戦規則である．1907 年のハーグ陸戦法規は，これらを改定して新条約を採択したものである．

　これに対し，上記の③及び④は，歴史的に見れば比較的新しい．つまり，人道に反する罪は，従来の国際人道法の枠組みでは保護されない者を保護するために立法され，ジェノサイドの罪は，人道に反する罪の一種ではあるが，犯罪

の中の犯罪，とくに極悪な罪であるため，独立して別個に定められるに至ったものである．ジェノサイドの罪及び人道に反する罪は，平和時に犯されることもあるが，戦争時に犯されることが多いため，これらの罪も含めて戦争犯罪と呼ぶことがあり，それが最広義の戦争犯罪である．

　実際は，ジェノサイドの罪や人道に反する罪も，戦争及び紛争時に犯されることが多い．しかし，国際慣習法としてのジェノサイドの罪や人道に反する罪は，①や②のような伝統的な戦争犯罪と違って，平和時にも成立する．ただし，ICTY Statute の場合，人道に反する罪については，国際又は国内紛争の存在を前提としており，国際慣習法よりも限定的にしか適用されない．

第3節　伝統的な戦争犯罪

(1) 「1949年のジュネーヴ四条約の重大な違反の罪」と「戦争の法規及び慣習に違反する罪」の内容と起源

　ICTY Statute は2条で，1949年のジュネーヴ四条約の重大な違反の罪を規定している．つまり，ICTY Statute 2条が列挙している犯罪は，殺害，生体実験を含む拷問その他の非人道的取り扱い，精神的・肉体的な重傷害，軍事的に正当化されない財産の広範な破壊及び領得，捕虜又は民間人を強制的に敵軍で戦わせること，捕虜又は民間人から公正で正式な裁判を受ける権利を奪うこと，民間人の追放・移送又は拘禁，民間人を人質にとること，である．

　ICTY Statute 2条は，1949年のジュネーヴ四条約のそれぞれの中核的規定である重大な違反の罪を引き写した内容であり，それぞれの罪は，これらの条約が保護の対象としている人又は物に対して行われなければならない．

　　　ジュネーヴ四条約の重大な違反の罪は，ジュネーヴ条約Ⅰの50条，ジュネーヴ条約Ⅱの51条，ジュネーヴ条約Ⅲの130条，ジュネーヴ条約Ⅳの147条に定めがある．

　　　重大な違反の罪は，ジュネーヴ四条約が保護の対象としている人又は物に対する犯罪でなければならず，以下のとおり定められている．ジュネーヴ条約Ⅰが保護の対象としている人は，13, 24, 25, 26 の各条に，保護の対象としている物は，19, 33, 34, 35 の各条に定められている．ジュネーヴ条約Ⅱが保護の対

象としている人は，13, 36, 37 の各条に，保護の対象としている物は，22, 24, 25, 27 の各条に定められている．ジュネーヴ条約 III が保護の対象としている人は，4条に定められている．ジュネーヴ条約 IV が保護の対象としている人は，4, 20 の各条に，保護の対象としている物は，18, 19, 21, 22, 33, 53, 57 の各条などに定められている．

ICTY Statute 3 条は，ハーグ陸戦法規に起源があり，ICTY Statute 3 条が列挙しているのは，ハーグ陸戦法規に規定されている主要な犯罪である．

つまり，有毒兵器又は不必要な苦痛を与える兵器の使用，都市・町・村の無差別的破壊，又は軍事的必要から正当化されない破壊，無防備な町・住居・建物の攻撃又は爆撃，宗教・慈善・教育・芸術・科学のための施設，歴史的記念物，又は芸術的・科学的作品の接収・破壊・損傷，公的又は私的財産の略奪，である．

(2) いつから国際慣習法となったのか

伝統的な戦争犯罪は，いずれも条約に起源があり，当初は締約国を縛るものであった．しかし，ICTY の時間的適用の限界である 1991 年当時には，すでに国際慣習法として確立していた．つまり，「1949 年のジュネーヴ四条約の重大な違反の罪」や「戦争の法規及び慣習に違反する罪」が，国際的な刑事裁判所で裁かれたのは，周知のとおり，第二次世界大戦後のニュルンベルク裁判と東京裁判が初めてである．

ニュルンベルク裁判で適用されたニュルンベルク条例は，主にハーグ陸戦法規，補充的に「1929 年の捕虜の取り扱いに関するジュネーヴ条約」(the Geneva Convention relative to the Treatment of Prisoners of War of 1929) に基づいて作成され，戦争犯罪を次のように規定している．

戦争犯罪とは，とくに，戦争の法規及び慣習についての違反である．これらの違反は，例えば，占領地域の民間人に対する，殺人，非人道的取り扱い，及び奴隷労働又はその他の目的で行われる追放，捕虜又は海上にある人に対する，殺人，及び非人道的取り扱い，人質の殺害，公的及び私的財産の略奪，都市・町・村の無差別的破壊，軍事的必要から正当化されない破壊である．

この内容は，ICTY Statute 2 条及び 3 条の内容にきわめて近い．

ニュルンベルク条例6条(b)に規定される戦争犯罪は,ハーグ陸戦法規(条約部分と付属規則からなる)と,1929年の捕虜の取り扱いに関するジュネーヴ条約(ハーグ陸戦法規の付属規則のうち,捕虜の取り扱いに関するSection I chapter II を補充するもの)でカバーされている.

つまり,ハーグ陸戦法規の付属規則23条(有毒又は不必要な苦痛を与える兵器の使用,降伏した敵を殺傷すること,敵の財産を戦争遂行に必要がないのに破壊することなどの禁止),25条(無防備都市の攻撃の禁止),27条(宗教,科学,芸術,慈善等の施設に,できるだけ被害を避けるため,あらゆる措置をとらなければならない),28条(略奪の禁止),46条(占領軍は,敵国の個人の生命・権利・財産などを尊重しなければならない),50条(占領軍は,ある個人の行為を理由として,無関係な敵国民を一般的に処罰してはならない),52条(占領軍は,必要な場合を除いて,住民又は市町村から物資やサービスを徴用してはならない),56条(宗教・教育・芸術などの施設は敵国の所有に属するときでも,私有財産として取り扱い,接収及び破壊をしてはならない),及び1929年のジュネーヴ条約2条(暴力や報復の禁止など捕虜の人道的取り扱い),3条(捕虜の人格及び名誉の尊重),4条(捕虜は平等に取り扱う.異なった取り扱いは,軍人としての地位,捕虜の健康状態などに基づくときのみ許される),46条(捕虜は,敵国の軍隊のメンバーが同様の行為に対して受ける刑罰と同じ刑罰を受ける.捕虜に対する残虐な刑罰の禁止),51条(捕虜の逃走未遂は,逃走途中で犯した他の罪の悪い情状としても考慮されない.逃走幇助罪は,懲戒処分のみに処せられる)などでカバーされている.

しかし,ハーグ陸戦法規も1929年のジュネーヴ条約も,禁止される行為を掲げてはいるものの,違反については,前者は締約国の損害賠償義務を定めるだけであり,後者は話し合い解決を予定しているだけで,個人の犯罪として処罰すべき旨の規定はない.

損害賠償義務については,ハーグ陸戦法規3条が,「ハーグ陸戦法規の規定に違反した交戦国は,事件に応じて,損害賠償の義務を負う.交戦国は,軍隊の構成員によって犯されたすべての行為に責任を負う」と規定している.

それなら,どのようにして,これらの違反が個人の犯罪として処罰されるようになったのだろうか.それは,以下のとおりである.

ハーグ陸戦法規で禁止される行為は,1907年に同条約ができて初めて国際

的に禁止行為として認知されたものではなく，それ以前から国際慣行として守られてきた戦争のルール及び国際人道法に違反する行為であった．つまり，条約は，ルールの新設ではなく，慣行の確認にすぎなかったが，条約が締結されて以降は，締約国は条約を遵守するために，国内的に同条約の違反を犯罪として処罰するようになった．この時点では他国の裁判所や国際的な刑事裁判所が，世界管轄のもとに戦犯を処罰することはなかったが，ニュルンベルク裁判では，「文明国では，ハーグ陸戦法規は，(筆者注：個人の犯罪として処罰することが) 1939年から(筆者注：第二次世界大戦開戦当時から)国際慣習法として確立している．ニュルンベルク条例は，この国際慣習法を確認したものにすぎない」とされ，国際的な刑事裁判所であるニュルンベルク裁判所で戦犯を処罰するために適用された．

ニュルンベルク裁判での「ハーグ陸戦法規は，1939年から国際慣習法として確立している」という解釈には，異論もないわけではない．しかし，伝統的な戦争犯罪を国際的に処罰しようという動きは，第一次世界大戦後のヴェルサイユ条約の当時から存在し，ニュルンベルク条約が初めてではない．したがって，それからはるかに時代の下った第二次世界大戦当時には，そのような考え方は多くの国に広く受け入れられ，国際慣習法として確立しており，異論はとるに足らないという議論には説得力がある．

仮に，この異論が正論だとしても，ニュルンベルク条例の内容は，早くも1950年に国際法委員会(ILC)によってニュルンベルク原則として定式化され，国連総会で採択されて多くの国に受け入れられている．したがって，少なくともそれ以降は，国際慣習法として確立していることは間違いなかろう．

(3) ICCの規定

ICC Statuteは8条の一カ条で，その後の国際法の発展を取り入れ，かつ，ICTY Statute 2条と3条について存在した解釈上の疑義を取り払った形で，伝統的な戦争犯罪を規定している．そこで，ICC Statute 8条の詳細に入る前に，ICTY Statute 2条と3条についての解釈の疑義を押さえておこう．

一つは，「ICTY Statute 2条の適用場面は，国際紛争だけなのか」である．

このような疑問が生じる理由は，1949年のジュネーヴ四条約の重大な違反

の罪と国内紛争時の重大な罪とでは，犯人の処罰に，前者では世界管轄が認められるのに，後者では認められていないからである．つまり，犯人処罰について規定するジュネーヴ条約Ⅰの49条（Ⅱの50条，Ⅲの129条，Ⅳの146条も同旨）は，重大な違反の罪については，犯人を自国で処罰するか，犯人を引き渡す義務を締約国に負わせているのに，国際紛争以外の紛争時（＝国内紛争）で，守られるべき最小限の国際人道法を定めた1949年のジュネーヴ四条約共通3条については，（筆者注：国内法で個人を処罰することを含めて）違反行為を禁圧するために必要な措置をとる義務を締約国に負わせているにすぎない．

　そこでジュネーヴ条約Ⅰの49条の世界管轄は，国際紛争を前提としているのかが次の問題になる．

　世界管轄は，犯人や犯罪地を問わず，どの国でも裁判管轄権を行使するというのが，本来の姿である．しかし，同条約Ⅰの49条のいう犯人処罰又は引渡しの義務は，A締約国の犯人がB締約国の国民を被害者として犯罪を行うことを想定しており，犯人も被害者も同じA締約国の国民であることは想定していないと解釈されてきた．なぜなら，後者の場合には，A締約国以外の締約国が，世界管轄によって刑事裁判権を行使するのは，A締約国の主権の著しい侵害になるからである．そして，犯人と被害者の国籍が違う場合というのは，国際紛争を前提とした想定であり，同じ場合は国際紛争でも起こりうるが国内紛争がほとんどである．そこで，伝統的には，1949年のジュネーヴ四条約の重大な違反の罪は，国際紛争に適用されると解釈されてきた．しかし，現在では，国際紛争と国内紛争の線引きが難しくなり，質的な違いがなくなってきたため，伝統的な解釈に従ってよいのかが疑問になる．

　結論を先に言えば，ICTYでは，「ICTY Statute 2条は国際紛争だけに適用される」という判例が確立している．その最も主要な理由は，①1949年のジュネーヴ四条約の重大な違反の罪は，同条約が保護の対象としている人又は物に対する犯罪でなければならず，保護の対象としている人又は物は，国籍を問題にするなど国際紛争を前提としており，国際紛争でなければ意味をなさない規定の仕方をしていることである．その他に，上記疑問が呈せられた理由に答えて，②現在，世界情勢は未だ，国内紛争と国際紛争の線引きをなくすまでには至っていないことも挙げられている．

第3節　伝統的な戦争犯罪　　67

　しかし，旧ユーゴ紛争については，すべて国際紛争と言えるのではないかという事実認定の問題が起こる．1991年以降，旧ユーゴは，スロヴェニアとクロアチアの独立をきっかけに音を立てて崩壊していった事実と，ICTY Statute 1条が「1991年以降，旧ユーゴで犯された犯罪を管轄する」とした上で，ICTY Statute 2条を規定している以上，同条が適用除外される場面は想定されていないという立法形式を根拠として，「1991年以降の旧ユーゴ紛争は国際紛争という世界共通の現状認識がある」という考え方もある．しかし，ICTYの判例は，このような考え方をとっておらず，「旧ユーゴ紛争の性格は，事態の推移によって，国際紛争と国内紛争に分けることができる」としている．

　ICTY Statute 2条と3条についての解釈の疑義の，他の一つは，「ICTY Statute 2条（＝1949年のジュネーヴ四条約の重大な違反の罪）と内容的には違わない犯罪が，国内紛争で起こったときには，ICTY Statute 3条でカバーされるのか」である．なお，1949年のジュネーヴ四条約の重大な違反の罪と内容的には違わない犯罪は，1949年のジュネーヴ四条約共通3条に定められている．

　　　ジュネーヴ四条約共通3条は，国際紛争以外の紛争時（＝国内紛争）で，守られるべき最小限の国際人道法を定めている．つまり，武器をおいて戦列を離れた兵員を含め，非戦闘員を保護の対象として，殺人・手足の切断・残虐な取り扱い・拷問など人の生命・身体に対する危害，人質にとること，恥辱的取り扱い，正式で公正な裁判によらない刑の宣告及び執行などを禁止している．

　そこで，この疑問は，具体的には，「共通3条に違反する罪も，ICTY Statute 3条でカバーされるのか」，又は「ICTY Statute 3条は，国際人道法の包括条項か」という形で提示されることが多い．このような疑問が生じるのは，上記のように，ICTY Statute 2条が国際紛争だけに適用されるとすると，国内紛争で同じように重大な犯罪が起こっても，ICTY Statute 2条ではカバーされないことになる．同じように重大な国際人道法違反の罪が，国内紛争で起こったというだけで戦争犯罪にならないというのは，実質的におかしい．とくに，国際紛争と国内紛争の線引きが難しくなり，質的な違いがなくなってきた時代状況を背景に考えれば，このおかしさをそのまま黙認するわけにはいかない．

そこで，ハーグ陸戦法規を起源としながらも，戦争の法規及び慣習に違反する罪という名前が示すように，慣習化した戦争のルールを取り込んだICTY Statute 3 条でカバーされないかどうかが問題になるのである．

結論を先に言えば，ICTY では，「ICTY Statute 3 条は，国内紛争で起こった同じような犯罪(＝共通 3 条に違反する罪)も，カバーする」という判例が確立している．その主要な理由は，以下のとおりである．

戦時の国際人道法違反の法的枠組みは，ジュネーヴ・ルールと総称され，戦争の方法や用いる兵器など戦争の手段の違反の法的枠組みであるハーグ・ルールと対比される．それは，戦時の国際人道法は，主にジュネーヴ四条約に定められ，戦争の方法や手段の違反は，主にハーグ陸戦法規に定められているためである．しかし，完全に二分割がなされているわけではなく，ハーグ陸戦法規は国際人道法も一部含んでおり，ジュネーヴ四条約も戦争のルールを一部含んでいる．ハーグ陸戦法規を起源とするICTY Statute 3 条が列挙しているのは，戦争のルールであるが，この列挙は制限列挙ではない．

そうだとすれば，形式的解釈として，ICTY Statute 3 条に国際人道法違反を含めることは可能なはずである．また，国連安保理は，旧ユーゴで起こったすべての重大な国際人道法違反を管轄させるためにICTYを設置したのであって，重大な犯罪を二種類に分け，ある種のものだけを管轄させようとしたのではないという点も，ICTY Statute 3 条のそのような解釈の根拠として挙げられる．

ところで，国際司法裁判所(International Court of Justice. 以下，ICJ という)は，ニカラグア事件(Case Concerning Military and Paramilitary Activities in and against Nicaragua, Nicaragua v. U.S.)で，1949 年のジュネーヴ四条約共通 3 条が，国際慣習法として確立していることを認めた．しかし，それは個人の刑事責任を問うことには言及しておらず，従来は，その点についての国際法学者の意見は必ずしも一致していなかった．ICTY の判例は，この点の解釈に決着をつけ，1949 年のジュネーヴ四条約共通 3 条違反にも世界管轄が認められ，個人の刑事責任を追及できることを明らかにした．

このようなICTY Statute に関する疑義についての判例の発展を踏まえ，ICC Statute は，ジュネーヴ四条約共通 3 条を起源とする明文(8 条 2 項)を置

き，適用場面を明確に規定している．

　つまり，ICC Statute 8条2項(a)は，ICTY Statute 2条と同じであるが，8条2項(b)は，新兵器の実験場と言われたベトナム戦争の経験を踏まえて，国際人道法違反及び戦争のルールについて詳細な規定を置いているジュネーヴ条約追加議定書Ⅰをもとにしている．そして8条2項(a)(b)は，国際紛争・民族自決のための武力紛争など(以下，単に国際紛争という)に適用されることを明確にしている．

　そして，ICC Statute 8条2項(c)は，ジュネーヴ四条約共通3条を，8条2項(e)は，ジュネーヴ四条約共通3条を敷衍して戦争被害者の保護を定めたジュネーヴ条約追加議定書Ⅱを，それぞれもとにしており，非国際紛争(non-international conflict＝(a)(b)が対象とする以外の紛争．以下，国内紛争という)に適用されることを明確にして，ICTY Statute について存在した疑義を取り払っている．

　ただし，国際紛争と国内紛争の線引きは意味がなくなってきた現状に鑑み，例えば，15歳未満の少年を徴兵すること及び国連職員などに対する攻撃は，8条2項(b)と(e)の両方に掲げられるなど，できるだけその垣根を取り払っている．しかし，国際紛争と国内紛争の法的枠組みは全く同じではなく，軍事メリットに比して明らかに多くの民間人を殺害する罪，民間人を飢餓状況におく罪，禁止兵器を使用する罪などは，国際紛争だけに適用される．

　さらに，ICC Statute 8条は，解釈の疑義をなくすため，列挙は例示ではなく，制限列挙である．

　ところで，ICC Statute 8条1項には，「ICCは，戦争犯罪が，特に，計画若しくは政策の一環として行われた場合，又は大規模なものの一環として行われた場合について管轄権を有する」旨の，ICTY Statute の2条及び3条にはない規定がある．

　アメリカによれば，8条1項は，「締約国は，自国についてICCが発効したときから7年間，戦争犯罪についての管轄を免れる宣言ができる」旨の124条の趣旨に沿ったものである．

　この規定は，ICC Statute 審議の過程で，アメリカが表明した「ジェノサイドの罪や人道に反する罪は，罪の性質上，明らかに大規模かつ組織的に行われ

るが，突発的で孤立した比較的小規模の犯罪でも戦争犯罪にはなりうる（＝アメリカ兵が犯しうる）」旨の懸念を反映したものである．

　ICC Statute に，もう一つのアメリカの懸念を反映した規定がある．アメリカの懸念は，次に述べる比例の原則に対するものであり，アメリカは，比例の原則は軍事行動の足かせになるとして強く反対した．

　　比例の原則は，ジュネーヴ条約追加議定書Ⅰに規定され，現在では国際慣習法として確立している．

　　ジュネーヴ条約追加議定書Ⅰの4章57条は，攻撃の際の注意義務（Precautions in attack）として，軍事行動に際しては，攻撃対象が民間人・民間施設でないことを，あらゆる可能な手段を使って確認すること，軍事的メリットに比べて大きな副次的被害が民間人・民間施設に予想されるときは，そのような軍事行動は差し控えるべきことなどを定めている．また，58条は，攻撃の結果に対する注意義務（Precautions against the effects of attacks）として，軍事行動で生じる危険から民間人・民間施設を守るため，可能なかぎり最大限の措置をとるべきことなどを定めている．

　ICTY Statute 3条は，国際慣習法として確立している比例の原則をそのまま採用している．しかし，ICC Statute 8条2項(b)(iv)は，比例の原則について，「具体的かつ直接的な全体としての軍事的利益との比較において，<u>明らかに過度な民間人の死亡若しくは傷害，民用物への損害，又は自然環境への広範で長期的かつ深刻な損害が付随的に発生するのを知りながら，故意に攻撃すること</u>」の旨，規定し，軍事的利益に比して副次的な民間被害が<u>明らかに過度でなければ，戦争犯罪にならないとしている．</u>

　　なお，アメリカの懸念を反映するように，2002年7月4日，ターリバーンとアルカーイダの残党狩りをしていたアメリカ軍は，アフガニスタンで村の結婚式を誤爆して，少なくとも40人を殺害し，100人を負傷させた．被害者は，アフガニスタンの伝統に従い，女性は太鼓を叩いたりダンスをし，男性はライフルを発射して結婚を祝っていた民間人であった．村の男性は，ターリバーンと同じような服装で，黒いターバンを巻いているので，結婚式のライフル発射をアメリカ軍に対する攻撃と誤認する可能性は否定できない．しかし，数人が発射したのに攻撃の対象を村全体に向けたのは，行き過ぎであり，比例の原則に違反するとの批判がある．

(4) 伝統的な戦争犯罪についての ICTY の判例
(i) ドブロヴニク破壊事件

◈**ドブロヴニク**(中世自治都市)
　ドブロヴニク市は，クロアチアのダルマチア地方の南に位置し，北東をボスニア，南東をモンテネグロに接して，アドリア海に沿って約 120 km 伸びている．ドブロヴニクの一部は，旧市街 Old Town として知られ，中世の壁に囲まれた 13.38 ha の土地であり，アドリア海と急峻な坂に囲まれ，急坂はスルディ山に連なっている．旧市街の要塞化は，12 世紀に始まり，13 世紀に貿易の中心地として発達し，17 世紀に完成した．旧市街は，ヨーロッパの中でも屈指の完成度・美しさを示し，貴重な宮殿，教会，公共施設などの建築物があり，1979 年にユネスコ世界遺産に登録された．旧市街の一つのユニークな特徴は，それが歴史的遺産に留まることなく，現に生活の場として利用されていることで，1991 年には，7000〜8000 人の住民がそこで暮らしていた．

◈**背　景**
　旧ユーゴ連邦は，1973 年と 79 年の二度の石油ショックで経済状況が極端に悪化していたところに，1980 年にカリスマ的な指導者であったチトーが亡くなり，社会状況は不安定になっていた．そのような中で，ミロシェヴィッチは，中世セルビアがオスマン・トルコ帝国に敗北を喫し，以来 500 年にわたり同帝国の支配を受けることになった天下分け目の「コソヴォの戦い」の地で，1989 年に，「コソヴォの戦い 600 年記念集会」を開き，セルビア人の民族主義を煽った．大セルビア主義を懸念したクロアチアは，1991 年春から独立に向けて動き出し，クロアチア国防軍を組織してドブロヴニクにもその基地を設けた．ドブロヴニクには，その他に民兵も集まっていた．
　こうして，旧ユーゴ連邦とクロアチアの関係は同年夏ごろから緊迫しはじめ，8 月の終わりには，旧ユーゴ連邦軍(以下，JNA という)は，オーストリア＝ハンガリー帝国がオスマン・トルコ帝国に対する守りを固めるために設けた軍事国境地帯である西スラヴォニアのヴコヴァルを侵攻する挙に出た．これを機に，クロアチアは同共和国内の JNA 駐屯地を包囲し，電気・ガスの供給を止め，兵舎を襲って武器を奪い，セルビア人兵士を殺害するなどの行動に出たため，両者の関係はますます緊迫の度を深めた．
　その頃，クロアチアは，モンテネグロ及びボスニア国境付近に軍を集結し，

他方，JNA もドブロヴニクに向かって軍を進めた．クロアチア国防軍は，ドブロヴニクの後背地に退くことを余儀なくされ，両軍の間で銃撃戦が行われた．9月の終わりには JNA はドブロヴニクを包囲し，ドブロヴニク及びその周辺を銃撃して旧市街にも被害が出るようになった．ユネスコの世界遺産にもなっている旧市街の攻撃は，国際的な懸念を高め，国際社会の仲介により10月に両軍の停戦が合意されたが，両軍の挑発行動で停戦は長くは続かなかった．11月にも停戦合意がなされたが，同じように短命で終わった．

ところで，スルディ山は，ナポレオン時代の要塞があり，旧市街の真上にあって旧市街を一望できる展望山であるが，JNA は，12月初めまでには，スルディ山を除いてドブロヴニク周辺を完全に包囲していた．

❖ 何が起こったのか

ドブロヴニク破壊事件は，JNA のスルディ山包囲を解くため停戦交渉を続けている中の，1991年12月6日の未明に起こった．JNA 部隊は，午前6時前にスルディ山に近づいて攻撃を開始し，クロアチア国防軍は，スルディ山からと，旧市街を除くドブロヴニク周辺から，臼砲やマシーン・ガンで迎撃した．これに対して JNA は，バズーカ砲などで旧市街を含めて無差別攻撃した．JNA の攻撃は，スルディ山から旧市街に向けられ10時間半続いた．

JNA の指揮をとったのは，ドブロヴニク作戦の総司令官で JNA 中将のストゥルーガの部下，コヴァチェヴィッチ大尉である．JNA のスルディ山奪還作戦は，クロアチア国防軍が要塞の下に潜り込んだため失敗に終わったが，旧市街への攻撃は，スルディ山奪還作戦の間中行われた．

なお，旧市街には，クロアチア軍の基地その他，軍事ターゲットとなるものはなく，これらは，旧市街からはるかに離れていた．

旧市街への攻撃で，民間人である市民及び民間施設が攻撃され，2人が死亡し，2人が重傷害を負った．また，祭典宮殿など六つの建物は完全に破壊され，52の建物はそれ以前にも損害を受けていたが，さらに損害を拡大し，合計116の建物が何らかの損傷を受けた．

本件攻撃は，軍事ターゲットと誤認して行われたものではなく，また軍事ターゲットを狙った副次的効果として被害が出たものでもなく，旧市街が民間タ

ーゲットであって，住居に使われ住民がいることを知りながら，これを狙って攻撃したものである．

建物の修復に必要な費用は，960万ドル(約10億円)と見積もられている．

❖ **どのような罪が成立するか**

ドブロヴニク破壊事件は，クロアチアが国際社会から独立を承認される前に起こったので，紛争の性格は，国内紛争である．したがって，ICTY Statute 2条は問題にならず，適用が問題になるのは，国内紛争にも適用される3条だけである．前述のとおり，3条に列挙されているのは例示で，同条は国際人道法の包括条項なので，①民間人に対する攻撃は，ICTY Statute 3条違反の民間人攻撃の罪，②市民2人の殺害は，ICTY Statute 3条違反の殺害の罪，③市民2人の重傷害は，ICTY Statute 3条違反の残虐な取り扱いの罪，④民間ターゲットである旧市街を攻撃したのは，ICTY Statute 3条違反の民間施設を違法に攻撃した罪，⑤軍事的必要から肯定されない多くの建物を破壊したのは，ICTY Statute 3条(b)違反の罪，⑥宗教施設などを破壊したのは，ICTY Statute 3条(d)違反の罪が成立する．

(ⅱ) サライェヴォ青空市場迫撃事件

　◈ **サライェヴォ**

　　サライェヴォは，ボスニア・ヘルツェゴヴィナ(以下，ボスニアという)の首都で，旧市街 Old Town，市の中心部 Centre，新サライェヴォ Novo Sarajevo など10地区からなり，商店・住宅などが密集する旧市街は，2000年以上の歴史を有する．サライェヴォは，東西に延びるミリャツカ川渓谷にあり，周辺は急峻な山に囲まれている．

　　紛争前の1991年の統計によると，周辺部を含むサライェヴォの人口は52万5980人，そのうち市街地の人口は34万人であり，民族構成は，モスリム人49.3％，セルビア人29.9％，クロアチア人6.6％，ユーゴ人10.7％，その他3.5％であった．

　◈ **背　景**

　　ボスニア紛争は，セルビア人がボスニアの独立を問う国民投票をボイコット

する中で、モスリム人とクロアチア人がこれを強行したのをきっかけにして起こり、1992年4月6日、EUがボスニアの独立を承認すると、全面的な武力紛争に発展した。セルビア人勢力及びこれを支援するJNA第2方面軍第4師団は、ボスニア紛争の火の手が上がるとほぼ同時に、サライェヴォを見下ろす山の戦略的要衝及びサライェヴォ空港を占拠し、サライェヴォに入る主要道路をブロックした。セルビア人勢力がボスニア内に建国宣言をしたスルプスカ共和国の議会は、1992年5月20日、旧ユーゴ軍に替えてセルビア軍(以下、VRSという)を作ったが、「外国軍隊による介入」の非難を免れるため名称を変更したにすぎず、その実態はJNAを引き継いだもので、JNA第2方面軍第4師団は、そのままVRSサライェヴォ・ロマニヤ師団になった。

　他方、モスリム人勢力とクロアチア人勢力は、サライェヴォ市街地の主要部分を支配下に置き、1992年9月には約4万5000人の兵士がサライェヴォ市街地に配置された。

　このようにして、サライェヴォは、ボスニア紛争が始まってから、デイトン合意の後の1996年2月26日に、サライェヴォの北西通路が解放されてオープン・シティー宣言がなされるまで、約3年半、セルビア人勢力とモスリム人勢力の攻防の只中に置かれた。

　なお、この約3年半のうち約2年間、もっとも長くVRSサライェヴォ・ロマニヤ師団の司令官を務めたのが、ガリッチである。

❖ 何が起こったのか

　サライェヴォ市民は、サライェヴォ包囲の続く間、絶えず狙撃兵による銃撃や迫撃砲による攻撃に晒され、野菜畑に向かい、買い物をし、家に居る一般市民が犠牲になった。そのような状況は、「前線の方が街にいるよりも安全だった。市民はほぼ毎日攻撃された」という兵士の証言、「4対1の割合で負傷患者は民間人が多かった」という医師の証言、「葬列や路面電車、水汲みや食糧配給の列は、頻繁に攻撃された」「スナイパー(狙撃兵)通りと呼ばれた道を横切るときは、とくに危険だった」などというサライェヴォ市民の証言が示すとおりである。

　このようにして市民が犠牲になった事件には、1994年2月5日に120ミリ臼砲が旧市街の青空市場に撃ち込まれて、約66人が殺害され、約140人が重

第3節　伝統的な戦争犯罪　　75

傷害を負った，標記のサライェヴォ青空市場迫撃事件のほか，母娘が手をつないで鉄のコンテナーに身を隠しながら歩行中に銃撃された事件，土手が盾の役割をしていたので身を隠していたものの，水を汲むために，ほんの少しの間土手を離れ，川岸まで行って銃撃された事件，少女が自宅玄関で靴を脱いでいるときに銃撃された事件など多数ある．

　一般市民は，学校を閉鎖し，夜に外出して昼間は家に閉じこもり，ドラム缶を並べて盾にし，トンネルを掘って通路を作るなどして銃砲撃に備えたが，それでも安全は確保できなかった．

　サライェヴォの攻撃は，セルビア人勢力によるものばかりではなかった．休戦協定は両勢力によって破られたが，停戦破りは，モスリム人勢力の方が多かった．また，モスリム人勢力は，ボスニア軍の士気を高めるため，軍事目標近くの民間人を他の場所に移動する義務を怠ったばかりか，ボスニア政府は，ボスニア軍にモスリム人一般市民をわざと攻撃させて，「セルビア人勢力の仕業」と宣伝し，国際世論の同情を買って国連ないし外国の軍事介入を呼び込む作戦をとっていた．ボスニア政府のそのような作戦については，UNPROFORによる調査が行われ，当時，サライェヴォでは常識になっていた．

❖どのような罪が成立するか

　組織的又は大規模な攻撃の一環として，狙撃銃又は迫撃砲で攻撃して一般市民を殺害した罪は，ICTY Statute 5条(a)の「人道に反する罪」の中の殺人罪が，同様にして一般市民に重傷害を負わせた罪は，ICTY Statute 5条(i)の「人道に反する罪」の中の非人道的行為の罪が成立することについては，争いがない．

　なお，ICTY Statute 2条(a)の殺害，(c)の重傷害は，本件の起訴からは除かれている．検察官は，ICTY Statute 2条の犯罪は，国際紛争と密接な関連をもって犯されることが必要であることを考慮し，ICTY Statute 5条一本に絞ったものと思われる．

　問題の一つは，狙撃銃又は迫撃砲で一般市民を攻撃した罪は，ICTY Statute 3条違反の民間人攻撃の罪が成立するだけなのか，それとも，攻撃は一般市民を恐怖に陥れる目的でなされたのだから，ICTY Statute 3条違反の「恐

怖の罪」も成立するのか，である．なお，「恐怖の罪」が成立すれば，民間人攻撃の罪という一般的犯罪は，「恐怖の罪」という特別罪に吸収される．

「恐怖の罪」について検討すべきは，以下の二点である．まず，事実として，一般市民を恐怖に陥れる目的で，一般市民に対して約2年（ガリッチがVRSサライェヴォ・ロマニヤ師団の司令官だった期間）にわたり，銃迫撃をして攻撃したと言えるのか．次に，法律問題として，果たして「恐怖の罪」は，国際慣習法として個人の刑事責任を問える罪として確立しているのか，換言すれば，ICTYの管轄犯罪なのか．

一審の多数意見は，恐怖を撒き散らす目的でする民間人の殺傷行為という「恐怖の罪」一般についてではなく，本件の具体的事件に限って上記二点を検討し，これを肯定している．そして，後者の点，つまり「恐怖の罪」がICTYの管轄犯罪かについて，これを肯定する理由として以下のように述べている．

まず，ボスニア紛争の当事者であるセルビア人勢力，モスリム人勢力，クロアチア人勢力の三派は，1992年5月22日，恐怖の罪を禁止したジュネーヴ条約追加議定書Ⅰの51条(2)を遵守する旨，合意していること，同条は国際人道法の強行法に反しないばかりか，民間人の殺傷行為だけでも重大な国際人道法違反であって，個人の刑事責任を追及できる以上，これに，恐怖を撒き散らす目的が加わった場合には，より一層，悪質性が増すのは明らかだから，本件の恐怖の罪は，重大な国際人道法違反であることに疑いの余地がなく，個人の刑事責任を追及できるはずであること，個人の刑事責任を追及した事例が過去にも数例あることを挙げ，国際人道法違反の包括条項であるICTY Statute 3条違反の罪に当たるとしている．

　　この多数意見を敷衍すると，以下のとおりである．
　　まず，ジュネーヴ条約追加議定書Ⅰの51条(2)及びジュネーヴ条約追加議定書Ⅱの13条は，民間人を恐怖に陥れることを主な目的として，暴力行為又は暴力に訴えるという脅迫を禁止している．
　　ところで，これらの条項は，審議過程から明らかなように，1977年の採択会議に出席した国々は，当時の国際慣習法を確認したものと考えていた．
　　さらに，恐怖の罪を実際に適用した過去の事例がある．
　　例えば，クロアチアのスプリットの郡裁判所(county court)は，旧ユーゴ

崩壊の過程で起こった，一般市民を恐怖に陥れる目的で，下流に住む3万人を水没させるためダムを破壊した事案について，旧ユーゴ刑法の恐怖の罪（ジュネーヴ条約追加議定書Ⅰの51条，ジュネーヴ条約追加議定書Ⅱの13条を実施するための国内法）を適用して，Raiko Radulovic を有罪にしている．

また，第二次世界大戦後，オランダ東インド諸島マカッサルにおかれた軍事法廷（N.E.I.＝court martial sitting in Netherlands East Indies）も，「でたらめな噂を流したと疑われた者は，大量に逮捕され，繰り返し長時間の拷問又は虐待を受けた．いったん捕まれば，完全に無実でも，健康や生命の保障はなかった．そのため，大量逮捕は，一般市民を恐怖に陥れる効果を持っており，これに関連して行われた拷問や拘禁中の者の虐待も，その一部をなしていた」として，本村茂樹を組織的恐怖（systematic terror）で有罪とし，死刑に処している．

この軍事法廷の管轄事件は，N.E.I. Statute で定められており，その1条は，組織的恐怖（systematic terror），一般市民の拷問，無差別大量逮捕，拘束した市民や囚人の虐待を管轄するとしている．この N.E.I. Statute の規定は，目新しいものではなく，第一次世界大戦後に設けられた「戦犯の責任及び処罰に関する委員会」が，「あらゆる反抗を抑圧する目的で，すべての人に恐怖を植え付けるため，女子・子供・傷病兵に対しても例外なく，組織的テロが，注意深く計画され実行された」とし，市民に対する組織的テロ（＝一般市民を恐怖に陥れる暴力・脅迫行為＝恐怖の罪と同じ）を戦争犯罪としたのを引き継いだものにすぎない．

第二次世界大戦後のニュルンベルク条例や東京条例に，市民に対する組織的テロが明文で規定されなかったのは，これを戦争犯罪から除く趣旨ではなく，イギリス代表が「一般市民に対する組織的テロ systematic terrorism of civilians」を提案したのに対して，組織的テロが戦争犯罪に含まれることは了解済みであるので，別個に規定する必要はないとの主張が通って最終案になったためである．

しかし，第二次世界大戦後にできた1949年のジュネーヴ条約Ⅳの33条は，敵の手中に落ちた保護対象者に限って，恐怖に陥れることを明文で禁止しており（No protected person may be punished for an offence he or she has not personally committed. Collective penalties and likewise all measures of intimidation or of terrorism are prohibited.），すべての一般市民を対象とし

て，恐怖に陥れる行為を明文で禁止したのは，ジュネーヴ条約追加議定書Ｉの51条(2)が初めてである．

しかし，上記の歴史的経緯から明らかなように，ジュネーヴ条約追加議定書Ｉの51条は，すでに国際慣習法となっていたものを明文で規定したにすぎない．

なお，恐怖の罪は，市民に対する殺害や重傷害を招来する攻撃，故意，恐怖に陥れる目的が構成要件で，恐怖の結果は必要でない．したがって，恐怖の結果と行為の間の因果関係の証明も不要である．恐怖とは，極端な恐れの感情であり，目的は直接に立証する必要はなく，攻撃の性格・頻度・方法などから推認されるものでよい．

少数意見は，以下の理由で，恐怖の罪の成立を否定している．

まず，法律問題については，ICTYが管轄するのは，1991年当時，誰の目から見ても，疑いなく国際慣習法として確立していた戦争犯罪だけで，当事者の合意を根拠として管轄犯罪を広げることはできないところ，ジュネーヴ条約追加議定書Ｉの51条の内容たる恐怖の罪を適用して個人の刑事責任を追及した事例は，わずか数例にすぎず，未だに国際慣習法として確立しているとは言えない．

また，事実認定としても，ボスニア軍の支配地域の人口34万人，同地域の兵士4.5万人に対し，殺された人は一般市民だけで1399人，兵士を入れると3798人で，一般市民である被害者の割合は高いとは言えず，殺害された数は兵士が多い．その上，起訴された23ヵ月の間に殺された人は，1992年の1ヵ月平均105人，1993年の1ヵ月平均63.5人，1994年の1ヵ月平均28.8人と年々大幅に減っている．

また，セルビア人勢力は，人道的援助の配給を可能にするため，通称ブルー・ルートと呼ばれる通行路の開通に同意し，空港の占拠を任意に放棄するなどしている．これらを総合的に考えると，起訴の全期間にわたって，恐怖に陥れる作戦が実行されたとは言えない．

サライェヴォ青空市場迫撃事件についての次の問題は，果たして，セルビア人勢力によるものと断定できるかという事実認定の問題である．この問題は，

サライェヴォ青空市場迫撃事件当時，サライェヴォを見下ろすイグマン山は，公式には国連支配下にあったものの，セルビア人勢力が完全に占拠していたわけではなく，ボスニア軍も一部を占拠しており，ボスニア軍基地から青空市場を攻撃することも地理的には可能で，なかには，国連ないし外国の軍事介入を呼び込む目的で，ボスニア軍が味方の市民を犠牲にした，いわゆるヤラセ事件もあったのではないかと懸念される全般的状況が存在したため，深刻な問題とされた．

この点について，一審の多数意見は，臼砲が撃ち込まれた方向と距離は，臼砲の着地時のスピードと角度で決まり，スピードと角度は，地面にできたクレーターの大きさ・深さ・形，臼砲に付いているTail-Fin(尾翼)の地面への刺さり具合(深さ・角度)から推測するほかないが，ローカル及び国連の専門家らの測定結果は，多少の違いはあるものの，すべてほぼ同じ値に収束しており，これから計算される発射基地は，セルビア人勢力の基地以外ではありえないとしている．

これに対して，少数意見は，事件後約1時間にローカルの専門家が現場に駆けつけたときは，手付かずの状況であったが，彼らは落下角度を測定せずに，Tail-Fin(尾翼)をクレーターを大きくして抜き取っていたのだから，その後の測定がほぼ同じ値に収束したからといって，合理的疑いを入れない程度に臼砲の方向と距離を断定するのは無理であるとしている．少数意見は，クレーターの深さは，実際よりも深くなっている可能性があり，深さが3cm違うと落下角度が同じでも発射位置は800mも違うとし，落下角度についても，55度以下なら発射位置は6464mより遠く，確実にセルビア軍支配地域内であり，86度以上なら1168mより近く，確実にボスニア軍支配地域内であるが，65〜85度の可能性は否定できず，角度のわずかな差が大きな距離の差をもたらすので，発射位置をセルビア軍支配地域と断定するのは困難であるとしている．さらに，少数意見は，多数意見が認定する3600mも離れた発射位置から，青空市場(41×23mの目標)に一発で当てるのはきわめて難しく，まぐれ当たりの可能性，つまり，他の目標を狙ったのにそれに当たった可能性も否定できないとしている．

第4節　人道に反する罪

（1）どのようにして生まれたのか

「人道に反する罪」が言葉として初めて登場したのは，トルコの少数民族アルメニア人虐殺に対して出された1915年の英・仏・露共同宣言である．第一次世界大戦後に設けられた「戦犯の責任及び処罰に関する委員会」でも，国際法廷が訴追できる犯罪リストの中に，人道に反する罪を含めることが検討されたが実現せず，結局，明確な法律用語として用いられたのは，ニュルンベルク条例が初めてである．

第二次世界大戦が終了した当時，従来の国際人道法の枠組みは，ジュネーヴ諸条約しかなく，保護対象者を限っているため，例えば，被害者が，無国籍だったり，犯人と同じ国籍だったりすれば，保護の枠外におかれてしまうという難点があった．

そこで，連合国は，国際人道法のギャップを埋めるのは正当であり，国際法に対する貢献だとして，国際人道法違反の中でも重要な違反については，これらの者も含めて保護の対象にするため，ニュルンベルク条例に人道に反する罪を創設した．

ニュルンベルク条例も，罪刑法定主義に多少は配慮して，人道に反する罪については，「戦争前から戦争中にかけて犯された」という限定，又は「裁判所が管轄する犯罪(筆者注：平和に対する罪及び戦争犯罪)を犯す際若しくは犯すのに関連して犯された」場合という限定を設けている．

人道に反する罪の規定は，東京条例やドイツの中〜小物の戦犯を裁くために作られた管理理事会法律10号にも引き継がれ，ニュルンベルク裁判やBC級戦犯(筆者注：東京裁判の適用罪名については7〜8頁参照)裁判などで適用された．

人道に反する罪がこのような形で立法され，裁判で適用されたことについては，後述の平和に対する罪(＝侵略戦争を開始した罪)とともに，罪刑法定主義の観点から疑問が呈せられている．しかし，人道に反する罪と平和に対する罪の罪刑法定主義に反する度合いには大きな違いがある．つまり，上記のとおり，人道に反する罪については，第一次世界大戦後から考え方としては存在し，そ

れが実際に国際合意に至らなかったのは，政治力学上の配慮からであるのに対し，平和に対する罪については，現在に至っても，個人の刑事責任を問うべき侵略の定義が定まらず，考え方の合意にも至っていないからである（後述の「平和に対する罪」を参照のこと）．

人道に反する罪は，早くも1950年に，ILCによってニュルンベルク原則として定式化され，国連総会で採択されて多くの国に受け入れられている．したがってICTY設立当時の1993年には，すでに国際慣習法として確立していた．

  人道に反する罪について，ニュルンベルク条例は，「人道に反する罪とは，すなわち，戦争前から戦争中にかけて犯された，民間人に対する，殺人，大量殺人，奴隷状態に置くこと，追放又はその他の非人道的行為，及び，犯罪地の国内法に違反するかどうかを問わず，裁判所が管轄する犯罪を犯す際若しくは犯すのに関連して犯された，政治的，人種的又は宗教的な理由に基づく迫害である」と定義している．東京条例も同じである．

  ニュルンベルク原則で定義される人道に反する罪の内容は，ニュルンベルク条例にある「戦争前から戦争中にかけて犯された」がなく，平和時の犯罪も含まれることを明らかにしている点では違うが，その他の点では，些細な言い回しを除き，同じである．

（2）人道に反する罪とは何か

人道に反する罪とは，組織的又は大規模な攻撃の一環として行われる，民間人に対する，国際人道法に対する重大な違反である．組織的又は大規模な攻撃の一環として行われる点については，ICTY Statuteでは判例で確立しており，ICC Statuteでは明文に規定されている．被害者は民間人であればよく，国際人道法が保護の対象としている者である必要はない．それは，従来の法的枠組みでは保護対象者から漏れる者を救おうとしたことの当然の帰結である．

ICTY Statuteは，5条で人道に反する罪を規定している．そこで列挙されているのは，殺人，大量殺人，奴隷状態に置くこと，追放などニュルンベルク条例やニュルンベルク原則でも列挙されていたものに加えて，拘禁，拷問，強姦，政治的・人種的・宗教的理由に基づく迫害を挙げている．列挙外の行為については，その他の非人道的行為という条項があり，その解釈に任されている．

人道に反する罪の中で，説明を要するのは，拷問と迫害であろう．

　拷問とは，「情報を取得し，罰を与え，又は差別する目的で，肉体的・精神的な強度の苦痛を与えること」である．拷問禁止条約(Convention against Torture. 以下，CaT という)のように，「公務員又は公の立場で行動する者の同意又は黙認のもとに行われる」必要はない．戦争犯罪としての拷問と CaT の拷問の定義が違うのは，CaT は，平時の拷問が政府機関によって反体制派らに向けられることが多いという前提に立って，政府機関による拷問の抑制と人権保障の観点から拷問を定義しているのに対し，戦争犯罪としての拷問は，人道的な立場に立って被害者の保護と個人の刑事責任の追及という観点から拷問を定義しているためである．

　迫害とは，「人種・宗教・政治的な理由で差別する目的で，国際慣習法又は条約によって基本的人権とされる権利を侵害すること」である．例えば，モスリム人だという理由で，家畜輸送車で運ばれ，残飯を与えられるなどの屈辱的取り扱い，強制収容所における暴行・傷害・強姦，モスリム人居住地域からの追放やモスクの破壊，モスリム人住居の破壊などが国際慣習法上の権利侵害に当たるのは間違いなかろう．しかし，迫害の要件である権利侵害は，これらに限られない．例えば，旧ユーゴ紛争時の，モスリム人であるという理由でなされた不当解雇，医療の拒否，チェック・ポイントを設けてする自由な往来の妨害も，基本的人権の侵害に当たる．なぜなら，旧ユーゴの社会体制では，失職すれば職場から与えられている住居を失うこと，及び子供を教育する機会を奪われることを意味し，当時の極端な物不足の中では，失職は生きることを否定されるに等しかったからである．また，医療の拒否は，紛争中に傷ついて治療を拒まれれば生命の危険があり，チェック・ポイントで自由な往来を妨害されることは，座して追放や略奪，場合によっては殺されるのを待つに等しかったからである．つまり，基本的人権の侵害に当たるかどうかは，全体状況の中で，侵害の総合的効果を判断して決められる．

　迫害は，肉体的・精神的な苦痛を与えることを手段にすることもあるが，拷問と違い，苦痛は強度であることを要しない．

　ICC Statute は，7条で人道に反する罪を規定している．ICC Statute 7条は，ICTY Statute 5条が列挙しているものに加えて，強制売春など女性に対する

暴力犯罪，強制失踪，アパルトヘイトなどを列挙し，これらが人道に反する罪に含まれることを明らかにしている．ICC Statute 7条にも，その他の非人道的行為という条項は存在するが，解釈の余地をできるだけ狭くしているわけである．

（3） 他の罪との違い

人道に反する罪の大量殺人は，組織的又は大規模な攻撃の一環として行われなければならない点で，ジュネーヴ四条約の重大な違反の一つである殺人と違い，集団の全部又は一部を抹殺する目的が必要でない点で，ジェノサイドの罪と違う．また，人道に反する罪の中の殺人と大量殺人は，どちらも，組織的又は大規模な攻撃の一環として行われなければならない点では同じであるが，被害者の数が違う．この線引きは，数で示すのは難しいが，1991年以前に大量殺人と認められた事例では，被害者の数は733人が最少である．

国際慣習法としての人道に反する罪は，ニュルンベルク原則からも明らかなように，平和時にも適用される．しかし，ICTY Statute 5条は，国際慣習法より狭く，国際紛争でも国内紛争でもよいが，紛争の存在を要件にしている．これに対し，ICC Statute 7条は，国際慣習法どおり平和時の犯罪も含めている．そこで，平和時の個人による孤立した犯罪を除くため，上記のとおり，組織的又は大規模な攻撃の一環として行われることを，明文で要件にしている．

第5節　ジェノサイドの罪

（1） どのようにして生まれたのか

ジェノサイドの罪は，人道に反する罪の一種であるが，その中でもとくに極悪な犯罪であるため，1948年にジェノサイド禁止条約が別に作られ，別の罪名と構成要件を得るに至ったもので，同条約がICTY Statute及びICC Statuteのジェノサイドの罪の起源である．ただ，ICTY Statute 4条のジェノサイドの罪は同条約2条，3条をそのまま引き写しているのに対し，ICC Statute 6条のジェノサイドの罪は，各論規定の構成要件を定める同条約2条にはよっているものの，総論規定がある未遂処罰などを定める同条約3条について

は同条約をそのまま引き写すことをせず，他の罪と同じように一般的な総論規定によることにしているため，若干の違いがある．

ICTY Statute と ICC Statute の総論規定の違いは，以下のとおりである．

ICTY Statute の場合，未遂はジェノサイドの罪を除いて処罰されず，既遂に達していることが必要である．これに対し，ICC Statute の場合は，未遂も既遂と同様に処罰される．

従犯(＝complicity in genocide. 従犯とは，物質的幇助＝aiding，精神的幇助＝abetting，教唆＝instigating のこと)は，ICTY Statute でも ICC Statute でも，独立罪としては処罰されず，本犯の成立が必要である．しかし，ICTY Statute では，本犯のジェノサイドの罪は既遂でなければならないと解されているのに対し，ICC Statute では，本犯のジェノサイドの罪は未遂でもよい．そのような違いは，ICC Statute では，一般的に，従犯の処罰には，本犯が既遂であることを必要とせず，未遂でよいとしていることから導かれる．

また，ICTY Statute では，ジェノサイドの罪の共謀と直接的な公の煽動が独立罪として処罰されるのに対し，ICC Statute では，独立罪として処罰されるのは，直接的な公の煽動だけで，共謀は処罰されない．

ジェノサイドの罪については，ナチスによるユダヤ人抹殺を教訓としてジェノサイド禁止条約が作られ，第二次世界大戦後間もなく国際慣習法となったことについては異論はなかろう．国際司法裁判所(ICJ)も，ジェノサイド禁止条約の留保についての勧告的意見(Advisory Opinion)の中で，同条約が国際慣習法の一部であることを確認している．

(**2**) ジェノサイドの罪とは何か

ジェノサイドの罪(crime of genocide)とは，国民・民族・人種・宗教的な集団(national, ethnical, racial or religious group)の全部又は一部を抹殺する罪である．

ところで，ジェノサイドの罪の性格を理解する上で参考になるのが，国連総会決議96(I)である．それは，ジェノサイドを「殺人が個人の生きる権利の否定であるように，ジェノサイドは，人間集団全体の存在する権利の否定である」と定義している．

犯罪の対象となるのは，国民・民族・人種・宗教的な意味で，別個の集団と

社会通念上認識されているものである．国民・民族・人種・宗教というメルクマールは個々別々のものではなく，これらのメルクマールを総合的に適用して別個の集団と認められればよく，例えばドイツのユダヤ人のように，第二次世界大戦前の国家に存在した少数民族と同種の集団を念頭においている．

　ジェノサイドの罪は，このような集団の全部又は一部に対して行われなければならない．

　ここで言う全部とは，少数民族が地球上に散らばっているとき，必ずしも，そのすべてを指すわけではない．世界的な全面戦争か，国内紛争かで，全部として捉えられる集団の範囲は違ってくる．

　例えば，ボスニア紛争の場合，集団の全部と捉えられていたのは，紛争前にボスニアに居たモスリム人やクロアチア人の集団であり，ボスニアの境界を越えたすべてのモスリム人やクロアチア人の集団ではない．なぜなら，ボスニアのモスリム人，ボスニアのクロアチア人は，一地域の居住者という意味で客観的にまとまりを持った全体を構成していると認められる上，加害者であるセルビア人勢力も，被害者であるモスリム人も，ボスニア国外の同胞とは区別し，自らを別の集団として認識していたからである．ボスニア出身のモスリム人でも，すでに外国に永住している者もおり，同じクロアチア人でもクロアチア共和国の国民で，ボスニアのクロアチア人ではない者もいるが，これらの者は，ボスニア紛争におけるジェノサイドが対象とした集団の全部には属さない．

　ジェノサイドの罪は，集団の一部を対象に行われることもある．一部を対象にジェノサイドが行われる場合，ここでいう一部に当たるためには，全部に対して重要な部分でなければならない．この点は，国際慣習法としてのジェノサイドのもとになったジェノサイド禁止条約の起草者が，「ジェノサイドの罪は，集団に対する犯罪である．したがって，集団の一部に対して犯されるときは，全体に影響を及ぼすような重大なものでなければならない．ジェノサイドの罪は，大規模な犯罪にのみ適用される」と，繰り返し明らかにしているところである．

　全部に対して重要な部分か否かを決める最も重要な要素は，対象者の絶対数や全部に対する割合である．しかし，それだけでなく，対象者が指導者や知識人である場合とか，国連が安全地帯に指定した場所の住民が対象とされるとい

った象徴的意味がある場合など，集団全部に与える影響を総合的に判断して決められる．

　ジェノサイドの罪は，目的犯であり，集団の全部又は一部を抹殺する目的(special intent)で行われなければならない．この目的がなければ，人道に反する罪の大量殺人(extermination)にすぎない．なお，抹殺する目的(special intent)は，生物的に抹殺する目的であって，言語・宗教といった文化を消滅させる目的は含まない．

　　ところで，言語・宗教といった文化を消滅させる目的の行為も，文化的なジェノサイドで，ジェノサイドの罪に含めるべきだという意見がある．文化的なジェノサイドの罪というのは，言葉のイメージとしては分かりやすい．しかし，ジェノサイドの罪が人道に反する罪と別の構成要件を得るに至ったのは，犯罪の中の犯罪としてのジェノサイドの罪の極悪性によるのに，その対象を広げるのは，極悪性を薄めてジェノサイドの罪も普通の犯罪の一つに陥れる危険がある．

　　つまり，言語・宗教といった文化を消滅させる目的の行為も悪質には違いないが，生物的に抹殺する目的は生存そのものの否定であり，より悪質で，悪質性に違いがある．例えば，旧ユーゴ紛争時に，民族的にクリーンな土地を確保するため他民族の追放が行われたが，追放された民族が再び舞い戻ってくることがないように，宗教・文化施設を破壊して民族の痕跡を消すことが行われた．これは追放を完璧なものにするための行為であって，宗教・文化施設の破壊を戦争の法規及び慣習に違反する罪として評価すれば足りる．宗教・文化施設の破壊を文化的なジェノサイドとするのは，追放を補完するための行為を過大に評価することになる．

　ジェノサイドの罪の手段は，殺人，精神的・肉体的な重傷害，身体的破壊をもたらす状況におくこと，出生防止，子供の強制移送である．

(3) ICTR及びICTYの判例
(i) レイプをジェノサイドの手段と認めたアカイエス事件

❖ルワンダ紛争の背景
　　ルワンダは，1959年，農耕定住民族のフツ族が，牧畜民族のツチ族出身の王を追い出してベルギーから独立した．フツ族とツチ族の民族対立は，ツチ族

優遇の植民地政策に遡ることができ，独立前後，つまり 1956 年から 65 年までの約 10 年間に多くの民族紛争が起こって 10 万 5000 人以上が殺された．

　ところで，1973 年，軍事クーデタで政権についたフツ族のハビャリマナ大統領は，極端な民族主義を掲げ，植民地時代の負の遺産はすべてツチ族に責任があるとして，利権を一部の者だけに集中する過激な一党独裁の政治を行った．同政権は，極端な政治に対する不満が反乱を生む可能性を予想し，かねてからそのような事態に対する暴圧計画を有していた．

　1988 年，隣国のブルンジで，ツチ族がフツ族の虐殺を行うと，約 2 万人のフツ族避難民がルワンダに流れ込んだ．他方，従前の民族紛争で国外に逃れたツチ族は，ルワンダ愛国戦線（Rwandan Patriotic Front＝RPF）を作り，民主化要求と難民の帰還を掲げてハビャリマナに反対し，1990 年にウガンダからルワンダに侵攻してきた．このような状況の中で，ハビャリマナ派と RPF の対立がエスカレートしていた．

❖何が起こったのか

　1994 年 4 月 6 日，キガリ空港で，ハビャリマナ・ルワンダ大統領が飛行機事故で死亡すると，これをきっかけに，ルワンダ軍及び民兵 Interahamwe は時を移さず，穏健派フツ族の高官及び RPF 支持派のツチ族に対する殺害を開始し，ルワンダ民族紛争に拡大していった．約 4 カ月の民族紛争中，100 万人が殺害され，難民になった 200 万人は，主にコンゴ民主共和国に流れ込んだ．

　ところで，アカイエスは，1993 年 4 月から 1994 年 6 月までタバ市の市長を務めていた．ルワンダでは，市長は，内務大臣の推薦により大統領によって任命され，市警察及び憲兵を指揮命令下に置く実力者である．民族紛争が始まると，4 月 7 日には殺害を免れるために数百人のツチ族が市庁舎などをめざして避難してきたが，ツチ族であるという理由で，武器を携帯した民兵に「殺すぞ」と脅迫され，女性は公衆の面前で着衣を剥ぎ取られ，無理やりに，ある文化センター・森・道路などに連れて行かれ，組織的に輪姦された．

　アカイエスは，レイプの被害者らが目の前を引きずられてゆくのに対し，実行犯に「連れて行け」とか「ツチ族の女がどんな味か私に聞かないでくれ」などと言って犯行を暗に認め，レイプを誘発・奨励した．アカイエスは，レイプや殺害の犯行現場に居あわせたこともある．彼女らは，レイプで精神的・肉体

的に弱ってくると,棒でつつかれ,殺された.

　アカイエスは,4月19日には,RPFに関係しているという理由でツチ族の学校教師を殺した犯人が彼のもとに逃げ込んでくると,犯人をわざと取り逃がし,その直後ミーティングを開いて,殺害を肯定した上,約100人の参加者に,「われらの唯一の敵を抹殺するために団結しよう」と訴えて,ツチ族殺害を直接かつ公にそそのかした.大量殺害が,このミーティング直後に始まった.1994年4月から6月までにタバ市ではツチ族2000人が,赤ん坊も含めて公然と殺害された.

❖レイプはジェノサイドの手段か

　判決は,この点について,レイプ及び性的暴力は,ツチ族女性だけに向けられたものであること,ツチ族抹殺の意図で行われた行為全体の一環として組織的に行われたこと,レイプは殺害の故意で行われたこと,実際にレイプのあと死亡した被害者もいることなどを理由に,レイプ及び性的暴力は,殺害や拷問などと同様にジェノサイドの実行行為たりうることを認めた.

　(ii)　スレブレニツァのモスリム人大虐殺事件

　　❖背　景(モスリム人大虐殺事件前のスレブレニツァ)

　　　1991年のスレブレニツァの人口は約4万人で,モスリム人約73%,セルビア人約25%であった.1992年春にボスニア紛争が始まると,スレブレニツァでもセルビア人勢力とモスリム人勢力の対立抗争が始まり,当初は,セルビア人民兵らがモスリム人を殺害したり追放したりして優勢であったが,1992年5月にセルビア人指導者が暗殺されたのを契機に形勢は逆転し,モスリム人勢力がスレブレニツァを支配下に収め,スレブレニツァを拠点にして周辺のセルビア人の村々を襲い,放火・略奪・殺害・拷問などの残虐行為を繰り返した.ところが,1993年3月,セルビア人勢力は巻き返しに成功してスレブレニツァを包囲し,同年4月13日,スルプスカ共和国にスレブレニツァを組み入れるべく,住民の立ち退きを要求する最後通牒をモスリム人勢力に突きつけた.
　　　UNHCRは,最後通牒が突きつけられる前の「死か撤退か」の選択しか残されていない状況で,8000～9000人の住民をトラックでスレブレニツァから外に運んだ.それ以降,外に出るトラックは完全にストップし,虐殺事件が起

きる前のスレブレニツァは，周辺から流れてきたモスリム人であふれていた．水も電気もなく衛生状態は極端に悪く，食糧にも事欠いていた．

　国連は，セルビア人勢力の攻勢からモスリム人住民を守るため，同月16日「スレブレニツァ及び周辺を安全地帯とし，あらゆる攻撃及び敵対行為を禁止する」というSC決議819を採択し，同年5月6日にはスレブレニツァのほか，ゴラジュデ，ゼパ，ツズゥラ，サライェヴォ，ビハッチなどにも安全地帯を拡大するSC決議824を採択した．しかし，安全地帯の安全を実効的に保障する措置はないに等しかった．実効的に安全地帯を守るには，UNPROFORの権限と人員を大きく拡大することが必要であったが，1993年6月4日SC決議836で認められたのは，わずかな権限と人員の拡大でしかなく，安全地帯の実効的防衛と言うよりは，外交的カモフラージュ措置と言った方が適当である．そのため，安全地帯とは名ばかりで，悪くすれば集中攻撃の対象になる恐れがあった．それが現実のものとなったのがスレブレニツァ虐殺事件である．

◈ **スレブレニツァの戦略的重要性**
　スレブレニツァは，セルビア人居住地域に囲まれたモスリム人の飛地であるが，セルビア人勢力とモスリム人勢力の双方にとってきわめて重要であった．つまり，セルビア人勢力にとっては，スレブレニツァを手に入れなければ，スルプスカ共和国は二つに分断され，セルビア本国へのアクセスは閉ざされる．他方，モスリム人勢力にとっても，スレブレニツァを失うことは，周辺から逃げ込んだモスリム人を含めて，地域全体からモスリム人を一掃することを意味し，生き残りの努力を無に帰するものであった．また，スレブレニツァは国連安保理が設けた安全地帯であり，UNPROFORの司令官は，「モスリム人の安全は保障する」旨，繰り返して約束し，世界の人々の耳目を集めていた．仮に，スレブレニツァが陥落し，モスリム人の民族浄化が行われれば，それは，国連の保護はセルビア人勢力の攻撃に対して無力であることを意味し，ひいては，ボスニアのモスリム人全体が被害にあう潜在的可能性を見せつけるものであって，モスリム人全体の命運を左右する象徴と考えられていた．

◈ **事件に至る経緯**
　1995年1月までのスレブレニツァの状況は，比較的落ち着いていた．しかし，セルビア人勢力は，人道的援助によって事態が膠着状態に陥っていることに態

度を硬化させ，同年3月，セルビア軍(VRS)総司令官カラジッチは，「巧妙な作戦によって，「スレブレニツァとゼパの住民に，そこで生き残ることは不可能」と悟らせる，完全に不安定な耐え難い状況を作り出せ」と命じた．この命令を受けて，VRS司令官ムラジッチは，「スルプスカ共和国の領土を是が非でも守ること，とくにサライェヴォの包囲を解くことは絶対にないこと，そのためにはスレブレニツァ，ゼパ，ゴラジュデなどの安全地帯での戦闘行為に勝利すること」を命令した．

❖何が起こったのか

　1995年7月6日頃，スルプスカ共和国のドリナ軍は，スレブレニツァを攻撃した．攻撃を受けて，スレブレニツァのモスリム人はパニック状態となり，二つのコースを取った．一つは，主に女子・子供・老人たちのグループで，スレブレニツァのオランダ歩兵部隊(通称，ダッチ・バット)が守備する国連施設内に逃げ込んだ．もう一つは，主に16～60歳の兵役年齢の男子のグループで，スレブレニツァ近くの村に集結し，森を通ってスレブレニツァの北にある安全地帯ツズゥラを目指して逃げた．彼らの総計は約1万5000人で，その3分の1は軍人で，3分の2は民間人だった．

　同月11日，被告人クルスティッチとムラジッチらが，スレブレニツァに凱旋軍として入場したときには，少数のモスリム人男子しか残っていなかった．これを知らないムラジッチは，「難民の脱出を監視する．16～60歳の男子は戦犯容疑の可能性があるので，検査する」と告げた．こうして，男子は分けられて拘禁され，女子・子供・老人はトラックやバスで追放された．モスリム人が持ってきた荷物は焼かれ，家々には火が放たれ，殺人・レイプ・恐怖が全面を覆い，難民の中には自殺者も現れた．

　他方，ツズゥラに向かって森を歩いていた男子の一行は，途中で待ち伏せしていたセルビア人勢力に捕まって戦闘を交え，7000～8000人のモスリム人が捕えられるか降伏するかした．

　このようにして戦犯容疑の名目で拘禁されるか，ツズゥラに向かう途中で捕えられたモスリム人は，クルスティッチ及びムラジッチ指揮下の軍によって，学校，農場，道路などに集められ，合計約7500人が即決処刑，又は時宜を見

第 5 節　ジェノサイドの罪　　91

て生き埋めにされたり喉を裂かれるなどされ，集団殺害された．それは，第二次大戦後，ヨーロッパで起きた最も忌まわしく大規模な虐殺事件として知られ，幼い子供が母親の目の前で殺されたり，祖父が死んだ孫のレバーを食べるよう強制されたりし，まさにこの世の地獄が現出した．

❖ジェノサイドの罪は成立するか

　本件で，ジェノサイドの罪の対象として捉えられる全体とは，世界のイスラム教徒全員ではなく，ボスニアのモスリム人であり，それが，他と区別された民族に該当することについては，争いがない．

　したがって，ジェノサイドの罪が成立するか否かの論点は，①ジェノサイドの罪は，集団の全体又は重要な一部をターゲットになされなければならないところ，本件のターゲットになったのは，スレブレニツァのモスリム人全部なのか，それともその中の一部である兵役年齢の男子だけなのかであり，どちらにしても，ボスニアのモスリム人全体から見れば少数であるが，全体の重要な一部と言えるのか，及び②ジェノサイドの目的(special intent)があったのか，である．

　弁護人は，①については，「殺されたのは，スレブレニツァのモスリム人のうち，兵役年齢の男子だけで，兵役年齢の男子も，その一部は，交渉が行われた後，モスリム人支配地域に逃げ込むことができた」として，「殺害のターゲットになったのは，スレブレニツァのモスリム人の一部である兵役年齢の男子で，それは，ボスニアのモスリム人全体にとって重要な一部ではない」と主張した．また，②については，「スルプスカ共和国の領土を民族的にクリーンなものとして確保するため，モスリム人を先祖代々住みなれた場所から追い払い，移動させる目的があったにすぎない．兵役年齢の男子を殺害したのは，彼らを追放すれば，敵軍となって刃を向けてくる可能性があり，その危険を排除するためである．スレブレニツァのモスリム人全部を殺害することも容易だったのに，女子・子供・老人は，追放されて助かった．それは，ジェノサイドの目的がなかったことの証左である」と主張した．

　控訴審判決が明らかにした点は，次のとおりである．

　ジェノサイドの罪の対象となる一部とは，全体の重要な部分を意味する．重

要な部分であるか否かのメルクマールとして，文字通り数が多いことは重要なポイントであり，スタートポイントであるが，それだけで決まるわけではなく，全体に対する割合，一部が全体の生き残りに持つ重要性・象徴性によって決まる．

本件のターゲットは，スレブレニツァのモスリム人全部である．なぜなら，「隊列を組んでツズゥラに逃げた男子の一部は，モスリム人の支配地域に逃げ込んで助かったが，それは，セルビア人勢力がこれを許したからではなく，当時，セルビア人勢力は，他の場所での作戦行動に従事しており，モスリム人男子が，その支配地域に逃げ込むのを防げなかったからで，捕まえられた男子は，ことごとく処刑されている．また，殺害の際には，軍人と民間人は区別されず，殺された者には，重度の障害者・子供・老人も含まれており，単にモスリム人だからという理由で殺された」からである．

ところで，スレブレニツァのモスリム人は，1995年当時，約4万人で，絶対数として多いとは言えず，当時のボスニアのモスリム人全体約140万人に対する割合も約2.9%にすぎない．しかし，スレブレニツァを陥落させれば，セルビア人勢力の制圧地域が一つにつながり，セルビア本国へもアクセスが可能になるという戦略的重要性，及び国連安保理は，スレブレニツァのモスリム人に対して「いかなる攻撃からも自由である」と保障し，UNPROFORも同様の保障を繰り返し表明していたにもかかわらず，スレブレニツァが攻撃されるということは，その他の地域を含めたボスニアのモスリム人全体が，同様の危機に瀕していることを示す象徴的意味があるとし，これらを総合的に考慮すると，全体に対して重要な部分と言えるとしている．

そして，「兵役年齢の男子は，捕虜交換の手段として使うことも可能だったのに殺され，その数は約7500人で，スレブレニツァの人口4万人の約5分の1にも上る．モスリム人社会は，これら被害にあった男子を行方不明者として登録するので，残された女子は再婚できず，スレブレニツァのモスリム人集団の長期的な生物的生存に，大きな影響を与えることは確実である．女子・子供・老人が殺されなかったのは，国際世論に配慮して批判を和らげるためであり，彼らもスレブレニツァに留まることを許されず追放されたのは，スレブレニツァのモスリム人集団の生物的生存に対する長期的影響を確実にするためと

解され，犯行に及んだセルビア人勢力も，この点を熟知していた」として，ジェノサイドの目的(special intent)を認めている．

❖幇助犯にジェノサイドの目的は必要か
　クルスティッチは，本件当時，ドリナ軍の副司令官又は司令官の地位にあった．クルスティッチは，軍の幹部会からモスリム人処刑について助力するよう要請され，ドリナ軍なしでは，本件実行のための充分な装備がないのを知り，「何ができるかやってみましょう」と言って，実際にジェノサイドを実行した警察などに，指揮部隊の兵器や兵士を提供した．クルスティッチは，ムラジッチや軍の幹部会と常時接触をとって，彼らがジェノサイドの目的を有するのを確実に知っており，軍の幹部会の要請に嫌気がさしながらも，これに従ったと認められる．しかし，クルスティッチが彼らとジェノサイドの目的を共有していたという証拠はないので，共犯は成立しないが幇助犯が成立する．
　ところで，ジェノサイドの幇助罪には，ICTY Statute 4条各項が適用され，本件では Statute 4条(3)(e)の従犯 complicity ではないかとも考えられるが，7条(1)の幇助 aiding and abetting である．なぜなら，7条(1)は，2条～5条のすべてにかかる総論規定で，aiding and abetting は，complicity に含まれるものの，より狭い概念だからである(84頁参照)．
　一般論として，幇助犯(aiding and abetting)は，主犯の故意・目的を知っている必要はあるが，主犯の故意・目的を共有する必要はなく，ICTY の判例によれば，それは，ジェノサイドの幇助罪にも当てはまる．

(iii)　ブルダニン事件
　クルスティッチ事件と同じようなブルダニン事件では，ジェノサイドの目的(special intent)が認められなかった．
　ブルダニン事件では，「ボスニア北西部の合計13市で民族浄化が行われ，ターゲットとされたのは，ボスニア北西部合計13市のモスリム人約23万人とクロアチア人約6万人で，いずれも絶対数として多数で，かつ，事件当時の1992年のボスニア全体のモスリム人約216万人とクロアチア人約79万人に対する割合もそれぞれ約10.8％，約7.9％と大きいので，その他の点を考慮するまで

もなく，集団全体に対して重要な部分に当たる」としながら，以下のような理由で，ジェノサイドの目的(special intent)を否定している．

なお，モスリム人とクロアチア人というように，複数の少数民族を対象にしているときは，全体に対して重要な一部かは，それぞれの民族ごとに別々に決められる．

ジェノサイドの目的を否定した理由は，①殺人や身体的破壊をもたらす状況におかれた者の数は，証拠で確定できるのは，それぞれ1676人，1万3924人，合計しても追放された者の5.3%と少ないこと，②セルビア人勢力が勢いを増してボスニア北西部の13市を完全に制圧し，皆殺しにしようと思えばできる状況になった1992年夏以降も，皆殺しにはせず，多くのモスリム人やクロアチア人を追放するに留めたこと，③殺人や身体的破壊をもたらす状況におく行為は，兵役年齢の男子を対象としており，追放すれば，敵軍となって刃を向けてくる危険を排除する目的で犯されたと解することも可能で，ジェノサイドの目的を認定することが唯一の合理的推論ではないこと，などである．

なお，ブルダニン事件では，ジェノサイドの成立を否定したが，殺された1676人については，ICTY Statute 2条のジュネーヴ四条約の重大な違反の一つである殺害(wilful killing)，及びICTY Statute 5条の人道に反する罪の一つである大量殺人(extermination)と迫害(persecution)が成立し，身体的破壊をもたらす状況におかれた者1万3924人については，ICTY Statute 3条の戦争の法規及び慣習に違反する罪の一つである1949年のジュネーヴ四条約共通3条の「屈辱的取り扱いの罪」(humiliating and degrading treatment)，及びICTY Statute 5条の人道に反する罪の一つである迫害(persecution)が成立するとしている．

ブルダニン事件とクルスティッチ事件が異なる結論を導いた主な理由は，大多数の者が追放されるに留まったということの意味をどのように理解するか，である．

しかし，クルスティッチ事件のAppeal Chamberも，ジェノサイドの目的を認めたTrial Chamberの判決が，合理的推論から外れているかどうかを審理し，そのような結論も可能だとしているにすぎない．クルスティッチ事件控訴審判決が，ジェノサイドの罪の成立を認めたことについては批判もある．

批判は，犯罪の中の犯罪であるジェノサイドの罪を，他の犯罪並みに格下げしたというものである．論点の一つは，象徴性などを加味して全体に対して重要か否かを判断する総合的判断は，規模の大きなものにジェノサイドの罪を限ろうとした本来の意味を失わせるというものであり，他の論点は，大多数の者が追放されるに留まったことの意味を，モスリム人集団の長期的な生物的生存に大きな影響を与えるためと断定したのは，唯一の合理的推論ではないというものである．

第6節　戦争犯罪の罪数関係

　ICTY Statute で犯罪の構成要件を定める2条～5条を一瞥すると，2条(a)には殺害(wilful killing)があり，5条(a)にも殺人(murder)があって，両者の関係はどうかという疑問が生じる．それは，2条(b)の拷問(torture)と5条(f)の拷問(torture)，2条(g)の追放(deportation)と5条(d)の追放(deportation)などについても同様に起こる疑問である．

　まず，同じ犯罪が，例えば，殺害(wilful killing)と殺人(murder)というように，別の言葉で規定されたり，同じような犯罪が繰り返し規定されているのは，①ICTY Statute 2条と3条は，1949年のジュネーヴ四条約とハーグ陸戦法規という別々の条約を起源としていること，②1949年のジュネーヴ四条約とハーグ陸戦法規は，国際人道法と戦争のルールに峻別できるわけではなく，一部がもともと重なっていること，③ICTY Statute 5条の人道に反する罪は，これらの条約で欠けた部分を補うために，つぎを当てるように一部重ねて立法されたことによっている．

　同じような犯罪の罪数関係について，まず考慮すべき点は，ICTY Statute 2条～5条を適用する前提条件(chapeau element)(chapeau はフランス語で帽子)が違うことである．

　つまり，ICTY Statute 2条を適用する前提条件は，①犯罪が<u>国際紛争と密接な関連(closely related)</u>をもっていること，②犯罪の対象が1949年のジュネーヴ四条約で<u>保護の対象</u>となる<u>人又は物</u>であることである．ICTY Statute 3条を適用する前提条件は，国際紛争か国内紛争かは問わないが，犯罪が<u>紛争と密接な関連(closely related)</u>をもっていることである．ICTY Statute 5条

を適用する前提条件は，①国際紛争か国内紛争かは問わないが，紛争中の犯罪(in armed conflict)であること，②犯罪が，大規模又は組織的な攻撃の一環であること，③民間人に対して犯されることである．

これから分かるように，ICTY Statute 2条の前提条件はICTY Statute 3条の前提条件より狭く特殊な場合であるため，ICTY Statute 2条とICTY Statute 3条の両方を満たす犯罪については，国際人道法の包括条項(一般規定)である3条は2条に吸収されて，2条だけが成立する．ただし，ICTY Statute 2条の軍事的に正当化されない財産の広範な破壊及び領得と，3条の都市・町・村の無差別的破壊，軍事的必要から正当化されない破壊は，重畳的に成立する．なぜなら，3条の無差別的破壊は，破壊される場所のすべての財産の保護を含んでいると解釈され，構成要件的に2条の財産の広範な破壊及び領得を超える部分があるからである．

ICTY Statute 3条とICTY Statute 5条の関係が問題になるのは，戦争のルール違反，例えば，宗教施設などの破壊(ICTY Statute 3条d)が，人種差別的な意図で行われて，人道に反する罪の迫害(ICTY Statute 5条h)にも当たる場合である．ICTY Statute 3条とICTY Statute 5条は前提条件に違いがあり，紛争との関連性ではICTY Statute 3条が狭く，他方，大規模又は組織的な攻撃の一環であるという条件は，ICTY Statute 5条に特殊なものであるため，互いに他を吸収することはなく，ICTY Statute 3条とICTY Statute 5条は重畳的に成立する．

ICTY Statute 2条とICTY Statute 5条の関係が問題になるのは，殺人がICTY Statute 2条のwilful killingとICTY Statute 5条のmurderを満たすような場合である．前述のとおり，wilful killingとmurderは言葉が違うだけで，同じ構成要件の犯罪であるが，ICTY Statute 2条とICTY Statute 5条の適用の前提条件は，それぞれに特殊で違うため，互いに他を吸収することはなく，ICTY Statute 2条とICTY Statute 5条は重畳的に成立する．

ICTY Statute 4条のジェノサイドの罪とICTY Statute 5条の大量殺人については，ジェノサイドの目的(special intent)が認められるときは，ジェノサイドの罪だけが成立するようにも見えるが，ICTYの判例によれば，ICTY Statute 5条の前提条件はICTY Statute 4条のジェノサイドの罪にない別の要素であって，ICTY Statute 4条とICTY Statute 5条は重畳的に成立するとされる．つまり，ICTYの判例によれば，犯罪が集団の全部又は一部に対し

て行われるということと，犯罪が，大規模又は組織的な攻撃の一環として犯されることは同じではない．

最後に，ICTY Statute 5条は，個別の殺人，奴隷化，追放，拘禁，強姦など迫害や拷問の手段たりうべきもののほか，大量殺人を含むため，これらの罪の関係が問題になる．

拷問と迫害は，前述のとおり，それぞれ互いに重ならない要件を含むため，これらの犯罪は，重畳的に成立する．また，迫害の手段として，大量殺人が犯されたときも，大量殺人の大量性は，迫害では評価しきれないため，迫害と大量殺人は重畳的に成立する．

しかし，個別の殺人，奴隷化，追放，拘禁，強姦などが迫害又は拷問の手段として犯されたときは，迫害又は拷問で完全に評価されるため，これらの罪に吸収される．

原則は本文のとおりであるが，ICTY の判例では，犯罪の重畳的成立を認めるには，検察官の主張が必要である．主張がない場合，例えば検察官が，拷問を迫害の手段としてのみ主張・立証したときは，拷問は迫害に吸収される．

ICC Statute では，ICC Statute 6条がジェノサイドの罪，7条が人道に反する罪，8条(2)(a)がジュネーヴ四条約の重大な違反の罪，8条(2)(b)が戦争の法規及び慣習に違反する罪である．これらの罪の罪数関係については，ICTY Statute とほぼ同じように考えることができる．しかし，例えば，ICC Statute 8条には，「計画若しくは政策の一環として行われた場合，又は大規模なものの一環として行われた場合」という ICTY Statute 2条及び3条にはない前提条件があり，罪数関係は ICC の判例の積み重ねを待たなければならない．

第7節　戦争犯罪に必要とされる故意は，どのようなものか

戦争犯罪の主観的要素については，knowingly and wilfully, intentionally, wantonly, deliberately などの用語が用いられている．判決では，その他に，wilful blindness, reckless disregard などの用語も用いている．これらの言葉は，どのような意味だろうか．

まず，それぞれの意味を確定する前に，結果発生の可能性の認識の程度及び受容の程度について分類すると，以下のとおりである．

結果発生の可能性の認識の程度	結果発生の受容の程度
①現実に認識 actual knowledge ②確実性を認識 　　knowledge of certainty ③蓋然性を認識 　　knowledge of probability 　a. 高い蓋然性を認識 　　　(high probability) 　b. 単なる蓋然性を認識 　　　(non-high probability) ④可能性を認識 　　knowledge of possibility	①希望 want ②受容＝認容 accept ③無頓着 reckless disregard

次に，knowingly and wilfully, intentionally, wantonly, deliberately の意味については，以下のとおりである．

knowingly and wilfully と intentionally は一般的に使われ，wantonly は destruction とともに使われ，deliberately はジェノサイドの対象など特別の対象に向けられて使われることが多い．しかし，厳密な区別はなく，いずれの言葉も，確定故意の意味で使われるのが普通である．

つまり，上記の一覧表に従って説明すれば，結果発生の可能性の認識の程度は①②③のいずれかで，結果発生の受容の程度は①②のいずれかである場合である．

しかし，結果発生の可能性の認識の程度は①②③のほか，④を含めたいずれかで，結果発生の受容の程度も①②のほか，③を含めたいずれかである場合，つまり，「未必の故意」を含めた広義の意味で，これらの言葉が使われることもある．

ところで，戦争犯罪に必要とされる主観的要素は，ブラスキッチ事件の控訴審判決によれば，コモンローの国では，murder などの重大犯罪については，結果発生の可能性の認識の程度については，上記の一覧表の④では足りないとしていること，及び戦争犯罪で国際的に責任を問うについては，悪質な場合に限られると解すべきであることを挙げて，結果発生の可能性の認識の程度については，①②③aまでで，③b及び④では足りないとした．ただし，結果発生の受容の程度は，①②③のいずれでもよい．

また，判決などで用いられる reckless disregard は，「未必の故意」と同じではない．未必の故意は，結果発生の可能性の認識の程度については上記の一

覧表の④，結果発生の受容の程度については上記の一覧表の③の組み合わせを指す．他方，reckless disregard は，結果発生の受容の程度についてだけ注目した概念である．したがって，結果発生の受容の程度は reckless disregard でも，結果発生の可能性の認識の程度については，理論的には①〜④のすべてがあり得る．現実には，結果発生の可能性の認識の程度は③④の場合しか問題にならないが，reckless disregard と一口に言っても，違うレベルの故意を含んでいる．つまり，結果発生の可能性の認識の程度が③のときは確定故意と同じなのに対して，④のときは未必の故意と同じである．

さらに，判決などで用いられる wilful blindness とは，結果発生の可能性の認識の程度が，上記の一覧表の②又は③aであるのに，敢えて，知っている (knowingly)ことを否定できるように，事実を知ろうとしないこと，又は，単に，事実を確かめたくないために，事実を知ろうとしないことを言う．結果発生の受容の程度は問題にしていないが，理論的には，①②③のすべてがあり得る．wilful blindness は，確定故意と同じように扱われる．

第8節　平和に対する罪

「平和に対する罪」(the crime of aggression 又は Crimes against Peace) とは，「国家の主権の行使としての戦争」と区別される「侵略戦争」を開始した個人の犯罪である．平和に対する罪は，ニュルンベルク条例で創設され，東京条例にも引き継がれて，ニュルンベルク裁判や東京裁判で適用された．

ニュルンベルク条例は，Crimes against Peace として，構成要件を以下のとおり定めている．「平和に対する罪とは，すなわち，侵略戦争，又は国際条約，国際協定若しくは国際的保証に違反する戦争を計画し，準備し，開始し，又は遂行すること，及びそのような戦争を目的とする組織に参加し，又はそのような戦争の完遂のために共謀すること」．

東京条例もほぼ同じであるが，真珠湾攻撃を反映してやや異なる文言を使用している．東京条例の定める，Crimes against Peace の構成要件は，以下のとおりである．「平和に対する罪とは，すなわち，宣戦布告の有無を問わず侵略戦争，又は国際条約，国際協定若しくは国際的保証に違反する戦争を計画し，準備し，開始し，又は遂行すること，及びそのような戦争を目的とする組織に

参加し，そのような戦争の完遂のために共謀することである」．

ニュルンベルク条例の内容を検証して国際法の原則を確立したニュルンベルク原則も，平和に対する罪の規定を置いている．「以下に定める罪は，国際法の下で犯罪として処罰される．a. 平和に対する罪：(i) 侵略戦争，又は国際条約，国際協定若しくは国際的保証に違反する戦争を計画し，準備し，開始し又は遂行すること，(ii) (i)に掲げる行為を完遂するための共同計画に参加し又は共謀すること」．

これらに規定される「侵略戦争」とは，何だろうか．結論を先に言うと，「侵略戦争」は，今日に至っても未だ合意されておらず，その定義は存在しない．1974年の国連総会で合意された侵略戦争は，国家の賠償責任を生じさせる意味での定義であって，個人の刑事責任を生じさせる意味での侵略戦争の定義ではない．したがって，平和に対する罪は，現在のところ，中身のないものにすぎない．

平和に対する罪については，ICTYは管轄を有しない．ICC Statute 5条は，侵略の罪 (the crime of aggression) を管轄犯罪として挙げている．将来，侵略の定義について合意ができれば，平和に対する罪についての管轄は，実質的意味を持つことになる．

ICC Statute 5条の内容は，以下のとおりである．
「ICC Statute 5条　裁判所の管轄する罪」
1. 裁判所の管轄は国際社会全体が懸念すべき最も重大な罪に限られる．裁判所は，設立規程の定めるところにより，以下の罪について管轄する．つまり，ジェノサイドの罪，人道に反する罪，戦争犯罪，侵略戦争の罪である．
2. 裁判所は，121条及び123条により，侵略戦争の罪の定義及び管轄権行使の条件が採択されれば，侵略戦争の罪についても管轄する．この定義及び条件は国連憲章の関連条文と整合性のあるものでなければならない．

第4章　戦犯として処罰されるのは誰か

第1節　個人の直接責任

(1) 個人の直接責任とコマンド責任

戦争犯罪の責任を誰が負うかについては，ICTY Statute 7条，ICC Statute 25条に定めがある．

これらの規定は，犯罪を実行した者のほかにも，一定の者に個人責任を負わせている．この中には，幇助，教唆，命令などが含まれる．このうち，幇助，教唆などは日本の刑法の考え方と同じである．しかし，命令は考え方が違い，他の者に対する法律上又は事実上の権威を利用して行う教唆の一種である．

その他，ICTY の判例及び ICC Statute の明文で，犯罪集団(Joint Criminal Enterprise．以下，JCE という)に参加した者も，刑事責任を負うとされている．

これらの責任は，「個人の直接責任」と通称される．個人の直接責任は，部下による行為について上官が責任を負うコマンド責任と対比される．コマンド責任も，期待される行為をとらない上官自らの不作為についての責任であるが，部下の犯罪行為について上官が責任を追及される点に焦点を当てれば間接責任と称することもできるので，それとの対比で直接責任と通称されるのであろう．個人の直接責任の中で説明を要するのは，JCE である．

(2) 犯罪集団(JCE)とは何か

JCE には，三つのタイプがあるとされ，このうちの強制収容所タイプ(JCE II と通称される)を例に説明するのが，分かりやすいと思われる．

強制収容所タイプ(JCE II)とは，以下のようなものである．

突発的な個人の犯罪としてではなく，強制収容所で組織的に収容者を拷問しているときには，拷問を行う背後に情報を得ようとする目的など，共通の目的 (common purpose)があるのが普通である．そして，強制収容所で働く者は，

拷問から情報獲得という過程の一部をそれぞれ分担実行して，拷問を行う心理的負担を少なくするのが一般に見られる傾向である．例えば，組織の管理，収容者の尋問，得られた情報の分析，身体的あるいは心理的な暴行，暴行に用いる道具の用意，暴行によって生じた傷の治療をして収容者が死なないようにするとともに尋問に耐えられるようにする行為，などを別々の者が担当する場合などがそれに当たる．

もし，国際法が，このように一般的に見られる犯罪の形態に対応できなければ，拷問という忌まわしい犯罪に適切に対処できない．国際法は事態の変化に応じて犯罪の構成要件を見直していかなければならない．そこで，共同正犯や幇助犯とすることが難しいような加担の度合いがわずかな者，上記の例で言えば，得られた情報の分析だけを担当した者，傷の治療を担当した者についても，共通の目的(common purpose)を有している限り，拷問の正犯としての責任を問おうというのが，JCEの理論である．

幇助犯となるのはごく限られた場合で，例えば，強制収容所の実態を知りながら，組織の外部の者が車を運転して収容者を運ぶ手伝いをする場合などだけである．幇助犯は，強制収容所の実態の認識は有するものの，外部にいて強制収容所という組織には加わらず，共通の目的(common purpose)を有しないところが，JCEのメンバーと違う点である．

(ⅰ) JCEの構成要件

JCEの構成要件は，後述のとおり，JCEの三つのタイプで，それぞれ要求される故意(主観的要素)は異なるが，基本(客観的要素)は同じである．

それは，①複数者の集団であること，②集団のメンバーが共通の目的(common purpose)を有すること，③集団に参加することである．

①の複数者の集団とは，文字通りの意味で，軍隊的・政治的・行政的な組織としての構造は必要でない．JCEのメンバーは，全員を明らかにする必要はない．しかし，ある犯罪が実行されたとき，実行犯でない被告人に責任を問うには，被告人から実行犯に至る合意の鎖が分かる程度にJCE構成メンバーの存在を明らかにしなければならない．

②は，集団のメンバーが，犯罪の実行を手段として，共通の目的を達しよう

と合意することである．例えばモスリム人など他民族への，追放，強制移住，迫害，殺人等の戦争犯罪を含む手段によって，民族的に純粋なセルビア人の国をつくる共通の目的を達しようとする場合がこれに当たる．

　共通の目的は，非セルビア人に対する不当解雇やセルビア人の国に対する忠誠宣言の要求など，犯罪以外の手段によることも考えられる．しかし，そのような生温い手段では，共通の目的の達成が困難ないし不可能になったとき，複数の者が，共通の目的を達成するため，犯罪(ICTY の場合は，それが管轄する戦争犯罪)を手段とすることに合意すれば，JCE となるわけである．

　強制収容所タイプと称される JCE II については，収容者から情報を得ることが共通の目的であり，そのために強制収容所で組織的に拷問を行っているときは，強制収容所のそのようなシステム(＝組織)に加わった者が JCE になる．

　このような合意は，あらかじめ合意される必要はなく，現場で形成されたものでよい．また，合意は，複数者の集団の存在や犯罪の形態などから推認されるものでよい．

　③の参加とは，単なる集団のメンバーになることでは足りず，共通の目的を実現するために一部の役割を分担することが必要である．それは，強制収容所タイプと称される JCE II について述べたように，通常は幇助に落ちるようなわずかな行為でもかまわない．参加行為は，共通の目的の実現に関連づけられることは必要であるが，当該参加行為がなければ結果は発生しなかったであろうという関係は必要ない．

（ii）　JCE の三つのタイプ

　JCE には三つのタイプがある．JCE I は，実行犯とその他のメンバーが実際に犯された犯罪について合意している場合，JCE II は，強制収容所タイプの場合，JCE III は，実行犯によって実際に犯された犯罪が合意を超えるけれども予想可能な場合である．

　JCE I は，規模の小さいものもあるが，はじめに挙げた例からも分かるように，セルビア人勢力のトップ～地方の指導者～犯罪実行部隊までを含む規模の大きな集団を念頭においている．実際に JCE I を適用することが問題になるのは，自らは犯罪の実行に手を下さなかった者についてである．そのような者

にJCE Iを適用して，実行犯の犯した犯罪について責任を問うために要求される主観的要素(故意)は，例えば，追放が犯された場合，実行犯と追放の故意(＝認識・認容)を共有していることが必要である．その場合，被告人に必要とされる追放の故意は，特定の被害者に対する故意である必要はなく，モスリム人を追い払うという抽象的なもので足りる．

具体的に実行された犯罪について，被告人に上記のとおり故意が認められれば，その他の集団のメンバーが，手段とする犯罪の種類について，ある者は追放だけに訴えようとし，他の者は殺人に訴えることも厭わない同床異夢であることも考えられるが，それはそれでよい．

強制収容所タイプと称されるJCE IIで必要とされる故意は，①強制収容所のそのような実態を認識し(システムの認識)，②敢えてシステムの実行に参加すればよい．実行犯でない被告人に，具体的に起こった犯罪の責任を問うについて，実行犯と犯意を共有していたことを立証する必要はない．この立証を不要としているのは，①②が認められる限り，システム内で日常的に起こり得る犯罪についての認容が通常，認められるからである．

JCE IIIとは，被告人には追放の故意しかなくても，JCEのメンバーによって追放を超えた犯罪，例えば，ジェノサイドが犯された場合に対処するための考え方で，①JCEのメンバーによってジェノサイドも犯される可能性が客観的に認められ，②被告人もその可能性を予見しながら敢えてJCEに加わったときには，被告人にジェノサイドの罪で責任を問うことができる．なお，ジェノサイドの罪は，集団を抹殺する特別の目的(special intent)が必要であるが，実行犯でない者にJCE IIIでジェノサイドの罪の責任を問うについては，上記①②で足り，特別の目的(special intent)は必要ないというのが，ICTYの判例である．

JCE Iで被告人に責任を問うには，確定故意でなければならず，結果についての認識と認容が必要であるのに対して，JCE IIIで被告人に責任を問うには，「未必の故意」(結果についての認識とそのような結果になってもかまわないという心の状態)で足りるのである．

JCE IIIについても，具体的事例で説明するのが分かりやすいであろう．第二次世界大戦後のイギリス軍事法廷は，Essenリンチ事件でJCE IIIを適用

している.事件は,1944年12月13日にドイツのEssen-West町で,3人のイギリス兵が他の刑務所に移管される途中,暴徒によって殺害されたというものである.

被告人として起訴されたのは,移管を命じた大尉と命令を受けた兵隊,手を下して犯罪を実行した暴徒である.

大尉は,移管に当たって,「途中,暴徒によってイギリス兵にリンチが加えられても手を出さないこと」を兵隊に命じ,命令が大声でなされたために,兵舎近くに集まっていた群衆に聞こえ,群衆が間もなく暴徒となって,イギリス兵に向かって投石,殴打,銃撃を行い,3人のイギリス兵が殺された.

イギリス軍事法廷は,暴徒となった市民,大尉のほか,兵隊も殺害で有罪とし,「イギリス兵に対する不法な取り扱いの故意を有し,暴徒の誰かが殺害するかもしれないと予見しながら,敢えてJCEに加わった」と述べている.

(3) JCEの歴史的発展

JCEは,上記のとおりICTY Statuteには存在しないが,確立した国際慣習法の概念と認められ,ICTYの判決で用いられた.

国際慣習法の概念と認められる理由は,①各国刑法の集団犯罪に対する規定はそれぞれに異なるものの,原則はおおむね同じであり,②戦争犯罪は,集団ないし組織の犯罪であって,これに対処しなければならないところ,第二次世界大戦後の戦犯裁判,とくにニュルンベルク裁判で,犯罪集団についての判例が積み重ねられているからである.そして,③JCEを規定した,テロリストによる爆撃の防止に関する条約(the International Convention for the Suppression of Terrorist Bombing)が1977年に国連総会で異論なく採択されていることもその理由に挙げられる.

> ニュルンベルク裁判及び東京裁判では,JCEが適用された.
> ニュルンベルク条例及び東京条例には,人道に反する罪の中に,「共同の目的の形成若しくは遂行に参加した指導者,組織を作った者,教唆者及び幇助者,又は上記犯罪(筆者注:平和に対する罪,戦争犯罪,人道に反する罪のいずれかの犯罪)を実行する共謀をした者は,実行犯が誰であっても,共同目的の遂行のために犯されたすべての犯罪について責任を負う」旨の規定がある.この

規定は，JCEのメンバーが，組織の一員を通じて犯罪を犯した場合の規定とも読める．また，平和に対する罪の中に，「侵略戦争を完遂するために共通の計画に参加する行為(participation in a common plan)」(「共通の目的」common purposeという言葉は使っていない)を挙げており，JCEに言及しているとも解される．

しかし，ニュルンベルク裁判及び東京裁判で適用されたJCEは，ニュルンベルク条例及び東京条例によったのではなく，戦争犯罪は，孤立した個人の犯罪ではなく，集団による犯罪であることと，集団犯罪の処罰は各国刑法で差があるものの，基本的な部分は刑事法の一般的な原則であることを考慮して，主にコモンローの集団犯罪に対する考え方を適用したものである．

ICC StatuteもJCEを規定しているが，これは，確立した国際慣習法を反映したものと考えられている．

つまり，ICC Statute 25条は，JCEを明文で規定している．その内容は，以下のとおりである．

25条3項 人は，次の行為を行った場合には，この規程に従って，ICCの管轄に属する犯罪について刑事責任を負い，刑罰を科される．

(d) 共通の目的をもって活動する集団が行う犯罪の実行(既遂及び未遂)に，その他の方法で加担する場合．この加担は故意になされ，かつ，次のいずれかに該当するものでなければならない．

(ⅰ) 当該集団の犯罪行為又は犯罪目的がICCの管轄に属する犯罪の実行を含む場合に，その犯罪行為又は犯罪目的を助長推進する目的で加担するとき

(ⅱ) 当該集団が犯罪を実行する意図を有していることを知りながら(筆者注：実行犯の犯意を認識し)，加担する(筆者注：認容する)とき

このうち，犯罪行為又は犯罪目的を助長推進する目的とは，上記のJCE Ⅱ及びⅢについての故意であり，その内容は，JCE Ⅱ及びⅢについて説明したのと同様である．

また，実行犯の犯意を認識するとは，JCE Ⅰについての故意であり，その内容は，JCE Ⅰについて説明したのと同様である．

ニュルンベルク条例では，以下のとおり，ドイツ軍が，SS(ナチス親衛隊)，

SA(ナチス突撃隊)を設けて,ジェノサイドの罪などを犯したことを考慮し,犯罪集団についての特別の規定を置いている.

「ニュルンベルク条例」

9条 裁判所は,グループ又は組織に所属する個人の裁判で,(個人が有罪を宣告され得る行為に関連して)(筆者注:原文にカッコがある),当該個人が所属していたグループ又は組織を,犯罪組織と宣言できる.

裁判所が起訴状を受け取った後,検察官がそのような宣言を請求するのが適当と思料するときには,その旨を通知しなければならない.組織のメンバーは誰でも,当該組織の犯罪的性格の問題について,裁判所で意見を述べることを請求できる.裁判所は請求を認め又は認めない権限がある.請求を認めるときは,裁判所は請求者にどのような方法で意見を述べるべきかを指示できる.

10条 グループ又は組織が,裁判所によって犯罪組織と宣言されたときは,ロンドン協定の締約国の当局は,国内裁判所・軍事裁判所・占領地域の軍事法廷で,当該宣言を受けたグループ又は組織のメンバーを裁判にかけることができる.その場合,グループ又は組織の犯罪性格は,立証済みとみなされ,反証は許されない.

11条 ニュルンベルク裁判所で有罪を宣告された者について,国内裁判所・軍事裁判所・占領地域の軍事法廷が,前条によって,犯罪グループ又は犯罪組織のメンバーであったこと以外の事実で有罪を宣告するときは,ニュルンベルク裁判所で,当該犯罪グループ又は犯罪組織の犯罪活動に参加した事実に対して宣告された刑とは独立又はそれに加えて刑を科することができる.

第2節 コマンド責任

(1) コマンド責任とは何か

コマンド責任とは,具体的状況を前提にして,部下の犯罪を事前に予防又は事後的に部下を処罰できたのに,上官が権限内の禁圧行為を充分にとらなかった場合,上官に課される刑事責任である.それは,通常の個人や組織の中の同僚であれば許されても,組織の上に立つ者であるがゆえに許されず,犯罪とされるため,コマンド(指揮官,司令官)の責任という意味で,コマンド責任又

は上官責任と呼ばれる．

　コマンド責任は，ICTY Statute 7条(3)，及びICC Statute 28条に定められているが，その範囲は多少違う．ICTY Statute 7条(3)は，「本規程2条から5条に掲げる行為を部下が犯した場合において，上官は，部下が犯罪を犯そうとし又は犯したことを知り又は知ることができた場合において，事前に防止し又は事後に処罰するための必要かつ合理的な措置をとらなかったときは，刑事責任を免れない」とし，上官であれば，軍人も民間人(多くの場合，政治家)も同じ基準で，コマンド責任を負うとしている．

　これに対して，ICC Statute 28条は，軍の司令官及び事実上軍の司令官として行動する者(以下，単に軍人という)とそれ以外の上官(民間人である政治家など)を分け，軍人等についてはICTYと同じ基準が適用されるが，民間人については，「部下が犯罪を行っている又は行おうとしていることを知っていたとき，あるいはそのような事実を明らかに示唆する情報を意図的に無視したとき」にだけコマンド責任を負うとしている．民間人が責任を負う場合を絞ったのは，「民間人については，軍人よりも基準を厳密にすべきだ」とするアメリカの主張に譲歩したためである．

（2）　コマンド責任の構成要件

コマンド責任の要件は，以下の三つである．
① 犯罪の実行犯と被告人の間に，部下と上官の関係が存在すること．
② 部下が犯罪を行おうとしていること又は行ったことを，上官が，実際に知っていたこと又は知り得べきであったこと．
③ 具体的状況下で，上官が，事前に，権限内のあらゆる防止措置をとらず，又は，事後に知ったとき，部下である犯人の処罰をしなかったこと．

　コマンド責任は，もともと軍隊の上下関係を念頭におき，軍隊の上官が期待される行為を行わず，見て見ぬ振りをする不作為の責任を追及しようとしたものである．

　したがって，①の部下と上官の関係は，典型的には，軍隊の部下と上官の関係を挙げることができ，軍隊以外で①の要件を認めるには，軍隊の場合と同じような実質的支配関係が認められなければならない．つまり，上官は，部下の

犯罪を防止又は処罰する具体的な権限，換言すれば，犯罪を犯そうとする部下を実質的にコントロールできる権限(effective control の権限)を有していなければならず，実質的な影響力を行使できる程度では足らない．

　ところで，政治家など軍人以外の上官は，一般的には，同等の地位にある軍人のような強い支配権限を有しないのが普通であり，他方では，軍人の場合よりも広い範囲で部下に実質的な影響力を行使できるのが普通である．そこで，防止・処罰はできないが広い影響力を有する政治家などの上官については，部下が犯罪を行おうとしていること又は行ったことを支配権限を有する当局に知らせる義務があり，そうしてもたらされた情報が，上官の政治的地位からして，支配権限を有する当局の防止措置，捜査又は処罰手続きを実際に動かす蓋然性があるときには，実質的にコントロールできる権限があるとされる．

　なお，形式的に上官であることは，実質的な支配権限を伴うのが通常であるが，要は実質であって，形式的に上官として任ぜられているか否かは問題でない．

　②は，「確定故意」のみならず「未必の故意」でもよいということである．つまり，部下が犯罪を行おうとしていること又は行ったことについて，実際に知って，防止又は処罰のために何もアクションをとらなければ，結果を容認しているということであって，確定故意が認められる．また，実際に知って，防止又は処罰のために不充分なアクションしかとらなければ，結果発生の可能性を容認しているということであって，未必の故意が認められる．「知り得べきとき」とは，実際には知らなくても，部下が犯罪を行おうとしていること又は行った可能性を疑わせる情報(＝ヒント情報)がもたらされたのに，追加の情報収集をしないとか，ヒント情報がもたらされなくても，全体的な状況や経験で危険を感知しながら，敢えて充分な情報収集を行わないことをいう．このように危険を認識しながら，事実を確定せず放置するのは，結果発生の可能性を容認しているということであって，同様に，未必の故意が認められる．

　ここで注意しなければならないのは，「知り得べきとき」は，具体的状況と切り離して抽象的に考えるのではなく，具体的状況を前提として認められる問題だということである．つまり，組織には様々な性格や行動態様の多くの人間がいるのが常態であるが，上官たる者は，ヒント情報などがもたらされなくて

も，部下の違法行為の有無に監視の目を光らせて，常時，その情報収集に当たらなければならないというわけではない．なるほど，上官は，ヒント情報などがなくても，普通に期待される程度の監視の目は，常時，光らせているべきであろう．そうすれば，部下の違法行為の可能性を疑うことができたのに，そうしなかった場合は，上官としての職務怠慢とのそしりは免れないであろう．しかし，それは刑事責任の問題ではない．

　③の防止措置又は犯人の処罰をしなかったというのは，具体的状況下で合理的にとることが可能なすべての措置をいう．政治家など軍人以外の上官については，当該上官が有する実質的影響力の内容によるが，通常は，事実確定のための調査をしないとか，不充分な調査ですませるとか，調査はしても防止措置又は犯人処罰のために当局に知らせないときは，防止措置又は犯人の処罰をしなかったといえる．

　不可能が強いられるわけではないが，組織の大勢に抗してでも防止措置又は犯人の処罰の措置をとることが求められているので，「防止措置は，組織の支持を得られない」「防止措置をとっても，上官たる自分が左遷され又はクビになるだけで終わってしまう」などは，抗弁にならない．場合によっては，辞表を叩きつけてでも，上官として期待される行為をとることが求められているのである．

　ところで，筋をとおして辞めなければ，刑事責任が待っているというのは，いささか厳しすぎる感じもする．しかし，秤にかけられるのは，上官の防止行為と多数の者が被害者として予定される戦争犯罪であって，後者の方が，より重い価値であることは論を待たない．このようなときには，辞表を叩きつけたからといって，どれだけの効果があるか分からない．しかし，それでも敢えて積極的に防止行為をとる者がなければ，戦争犯罪は防止できない．上官は，その権限の範囲内でできることをしなければ刑事責任があり，上官までもが大勢の流れに屈し，又は組織に帰責して，自己に与えられた権限をフルに活用せず，責任逃れをすることは許されない，というのがコマンド責任の中核である．

　また，上官が防止措置をとらなかったために部下の犯罪が発生したという因果関係，裏返せば，上官が防止措置をとっていれば部下の犯罪を防止できたという因果関係は，要求されない．それは，初めから100％防止することができ

ないと分かっている無駄な措置をとる必要はないが，成功の可能性(部下の犯罪を防止できる可能性)の少ない防止措置であっても，合理的に可能な措置である限り，試みなければならないということである．

(3) コマンド責任の歴史的発展

コマンド責任の起源は，1977年に作られたジュネーヴ条約追加議定書Ⅰの86条にある．同条の説明を後に回し，まず，不作為が問題にされた歴史をたどると，以下のとおりである．

上官の不作為について刑事責任を問う考え方は，第一次世界大戦後から存在し，目新しいものではない．つまり，第一次世界大戦後に設けられた「戦犯の責任及び処罰に関する委員会」の報告(Report of the Commission on the Responsibility of the Authors of the War and on Enforcement of Penalties, 1919年3月29日)によれば，戦争の法規及び慣習に違反する行為を命令した者のほか，権限がありながら予防措置をとらず又は違反者を処罰しなかった者の訴追を考えていた．しかし，第1章第1節で前述したとおり，このような考え方は，当時は実行に移されなかった．

第二次世界大戦後，ニュルンベルク裁判や東京裁判で上官の不作為が問題にされ，刑事責任が追及された．

ニュルンベルク裁判及び東京裁判では，コマンド責任を問うに当たって，以下の規定が引用された．その規定とは，両条例とも同じで，以下のとおりである．「共同の目的の形成若しくは遂行に参加した指導者，組織を作った者，教唆者及び幇助者，又は上記犯罪を実行する共謀をした者は，実行犯が誰であっても，共同目的の遂行のために犯されたすべての犯罪について責任を負う」．

しかし，同規定は，すでに述べたJCEのメンバーが，組織の一員を通じて犯罪を犯した場合の規定と解することは可能であるが，不作為犯一般についての規定でもなければ，上官の不作為責任についての規定でもない．

ニュルンベルク条例及び東京条例は，不作為犯には言及しておらず，作為だけを問題にしていたにすぎない．

結局，ニュルンベルク裁判及び東京裁判で追及されたコマンド責任は，不作為に対しても刑事責任を追及できるという，各国刑事法で認められた一般的な

原則を最後のよりどころとしたもので，未だ国際慣習法として確立していない原則を適用したのである．

ニュルンベルク裁判及び東京裁判では，コマンド責任を問うに当たって，上記のほか，1907年のハーグ陸戦法規の付属規則1条及び43条も根拠にしている．

付属規則1条の規定は，以下のとおりである．

「戦争の法規，権利・義務は，軍隊のみならず，以下の条件を満たす民兵及び志願兵の団体にも適用される．その条件とは，部下に責任をもつ者によって指揮されていること，遠くから認識できる決まった徽章をつけていること，公然と武器を携帯していること，戦争の法規及び慣習にしたがって作戦行動をとることである．民兵及び志願兵の団体が軍隊の全部又は一部を構成する国においては，それも本条の軍隊とみなされる」．

付属規則1条は，条文の内容から明らかなように，軍隊及びそれと同視できる団体についての規定にすぎない．コマンド責任とわずかに関連するのは，軍隊と同視される団体について「部下に責任をもつ者によって指揮されていること」を挙げていることであるが，指揮系統が存在することを要求しているだけで，部下の違法行為に上官がコマンド責任を負う旨の規定ではない．

また，付属規則43条の規定は，以下のとおりである．

「事実上，権限を手にした占領軍は，公の秩序及び安全を可能な限り回復し実現するため，あらゆる手段を講じなければならない．ただし，絶対に不可能な場合を除いて，当該国で有効な法を尊重しなければならない」．

付属規則43条は，条文の内容から明らかなように，占領軍の秩序回復義務についての規定であり，占領軍に属する部下が違法行為をしたときの上官の責任には触れていない．しかも，秩序回復義務は訓示規定にとどまり，秩序回復義務を怠った場合に刑事責任を追及することは予定していない．

さらに，第二次世界大戦後，国際法の諸原則として定式化されたニュルンベルク原則も，コマンド責任には言及していない．

また，1949年ジュネーヴ四条約の重大な違反も，不作為を問題にしていない．つまり，1949年ジュネーヴ四条約の重大な違反のうち，捕虜の取り扱いに関する条約(ジュネーヴ条約III)の130条，及び戦時における民間人の保護に関す

る条約(ジュネーヴ条約IV)の147条は,それぞれ,「公正で正式な裁判を奪うこと」を重大な違反の一つに挙げている.それは,作為によるよりも,不作為,つまり,公正で正式な裁判を行わないことによって犯されるのがむしろ普通であるのに,「公正で正式な裁判を奪うこと」を含めた重大な違反について,刑事責任を追及するため世界管轄を定めているジュネーヴ条約IIIの129条及びジュネーヴ条約IVの146条は,自ら手を下して犯罪を犯し,又は命令した場合だけを想定していて,不作為を問題にしていないのである.

このように,第二次世界大戦当時の国際慣習法は,指揮・命令した者だけを問題にし,不作為犯に責任を負わせるまでには至っていなかった.

ところで,国家が戦争を遂行する中で犯される犯罪は,実際に犯罪を実行する者が末端の兵士であるとしても,組織の問題であって,組織の上層部の責任が問われるのは当然である.しかし,これが認められるには,時代が下るのを待たなければならなかった.

つまり,国際条約として初めて,不作為による戦争犯罪に刑事処分を科す旨を定めたのは,「戦争犯罪及び人道に反する罪についての時効不適用に関する1968年の条約」(the Convention on the Non-Applicability of Statutory Limitations to War Crimes and Crimes against Humanity of 26 November 1968)である.同条約2条は,戦争犯罪(最広義)が犯された場合,犯罪を主犯又は従犯として犯した犯人のほか,犯罪を見逃した(=不作為)国家の代表者にも,条約上の規定がすべて適用される旨,定めている.

これを契機に,コマンド責任の考え方は,徐々に国際法として発展し,次第に国際慣習法として認められるようになった.

1977年のジュネーヴ条約追加議定書Iの86条は,このようにして国際慣習法として確立するようになったコマンド責任を反映したものであり,異議なく採択された.

同議定書86条の規定は,以下のとおりである.

86条 義務の履行を怠ること(=不作為)
1. 締約国及び交戦国は,義務があるのにその義務の履行を怠ること(=不作為)から生じる1949年ジュネーヴ四条約及び追加議定書Iの重大な違反を処罰し,その他のすべての違反を禁圧するために必要な措置をとらなけ

ればならない．
2. 1949年ジュネーヴ四条約及び追加議定書Ⅰの違反が部下によって犯された場合において，上官が，部下の違反行為を知り，又はヒントとなる情報がもたらされて当時の具体的状況を前提として部下の違反行為を知り得たのに，上官の権限の範囲内で可能な予防措置をとらず，又は違反行為をした部下を処罰しなかったときは，刑事責任又は懲戒処分を免れない．

86条1項は，締約国及び交戦国は，①不作為による犯罪が，ジュネーヴ四条約及び追加議定書Ⅰの重大な違反にかかわるときは，世界管轄を設けて刑事責任を追及しなければならず，②重大な違反以外にかかわるときは，刑事責任を追及し又は懲戒処分を科さなければならない旨，定めたものである．

86条2項は，上官は，部下の違反行為を知り又はヒントとなる情報がもたらされたのに，自己の権限内で可能な防止措置をとらず又は処罰しなかったときは，コマンド責任を免れない旨，定めたものであり，この規定は，<u>民間人も含め，すべての上官</u>を対象にしている．

なお，同議定書87条は，86条に関連して，軍人の上官(military commander)の義務を明らかにしている．つまり，同議定書87条1項は，締約国及び交戦国は，「軍人の上官に，部下及びその支配下にある者による違反行為を禁圧するよう要求しなければならない」とし，2項は，締約国及び交戦国は，「軍人の上官に，（筆者注：部下が違法行為を行わないよう，事前に，部下を）教育・訓練するよう要求しなければならない」とする．そして3項は，「（軍人の）（筆者注：原文は any commander なので，文言上は，軍人に限られないように読めるが，1項，2項と合わせて解釈すると，どのような地位の軍人の上官でも，そのランクに応じて，という意味であり，軍人の上官に限られる）上官は，部下及びその支配下にある者によって違反行為が行われることを知ったときは，予防措置をとり，又は，事後に知ったときは，処罰しなければならない」としている．

87条3項の上官の予防及び処罰義務＝コマンド責任は，「知り得たとき」が明文で規定されていないが，86条2項の規定から「知り得たとき」も含まれると解される．

（4）コマンド責任が問われた事例

（ⅰ）第二次世界大戦後の軍事法廷で山下奉文大将が問われた
コマンド責任

山下奉文大将は，1944年10月9日から1945年9月3日の約1年にわたって，マニラ及びフィリピン群島で，日本兵が組織的に，フィリピンの一般市民に対して，殺人・拷問・略奪・破壊などを犯し，とくにベイ・ビュー・ホテルにおいて，婦人に対して強姦などの残虐行為を働いたとされる件につき，部下の残虐行為を防止しなかったとして，コマンド責任を問われた．

アジア・太平洋アメリカ軍事委員会(the United States Military Commission in the Asia-Pacific)で言い渡された判決は，「犯罪が，時間的にも場所的にも，大規模かつ広範に犯されたことから推測すると，被告人によって暗黙の了解が与えられたか，秘密裏に命令された」と，あたかも不作為ではなく作為(暗黙の了解又は秘密裏の命令)があったような認定をする一方，同じ理由で「被告人は知っていたに違いない」と，知りながら何も対策をとらなかった不作為を問題にしているような認定をし，さらに，「殺人・強姦・狂暴な復讐行為が，広範に犯されているとき，上官が何も事実を確定しようとせず，これを防止するための有効な手段をとらなければ，犯罪の性質と具体的状況により，彼の部隊が犯した犯罪について刑事責任を負う」と知り得べきであったのに，情報収集を怠り，したがって犯罪行為を防止するための措置もとらなかった不作為を問題にしているような認定をしている．

このような事実認定は，後に，山下事件についての多くの批判を招くことになった．

> ラトレッジ判事とマーフィー判事は，強い反対意見を述べている．Andrew D. Michell, "Failure to Halt, Prevent, or Punish: The Doctrine of Command Responsibility for War Crimes", 22 *Sydney L. Rev.*(2000), pp. 381-390 は，山下事件に適用されたコマンド責任の基準は明らかでないと述べている．
>
> Cherif Bassiouni, *International Criminal Law*, Transnational Publishers, p. 196 は，山下事件に適用されたコマンド責任の基準(上記本文にあるように，具体的状況を無視して，部下の犯罪行為を知り得べきだったと認定

したこと）は，それ以降，適用されたことのない基準で，裁判の汚点であると述べている．

　部下の犯罪が大規模・広範に行われていることから，直ちに，暗黙の了解又は秘密裏の命令など，上官の作為，又は知っていた事実を認定するのが無理なことは多言を要しないであろう．また，部下の犯罪が大規模・広範に行われていても，それから直ちに知り得べきだったと認定することはできない．そのような推論は，具体的状況を前提にして初めて可能である．

　現在，山下事件で最大の問題とされているのは，具体的状況を無視して，知り得べきだったと認定したことである．

　当時の状況は，児島襄によれば，以下のとおりであった．

　そもそも山下奉文大将が第14方面軍司令官に着任したのは，すでに旧日本軍の敗色が濃くなった1944年10月6日であった．それから2週間後の10月20日には，アメリカ軍はレイテ島に上陸し，旧日本軍レイテ部隊は四分五裂して山中に逃げるのがやっとであった．かつて，本間雅晴中将の率いる旧日本軍が，リンガエン湾から敵前上陸に成功してマニラを開場した際，「私は必ず帰ってくる（I shall return.）」と言い残してオーストラリアに脱出したマッカーサー元帥は，レイテ上陸を果たして，「私は帰ってきた（I have returned.）」と勝利の第一声をあげた．

　バターン半島やレイテ島は戦略的な要衝であったが，大本営は，ルソン島を天王山と位置づけていたため，レイテ作戦はないに等しかった．第14方面軍参謀長武藤章中将が着任できたのは，アメリカ軍のレイテ島上陸直後で，「レイテ島はどこにあるのか」と聞くありさまであった．また，第14方面軍は，陸軍約23万人の兵力を有するとはいえ，第4航空軍約6万人と第3船舶司令部に属する海軍部隊及び海軍の陸戦隊の合計約6.5万人は，山下大将の指揮下にはなかった．山下大将は，武藤中将を寺内寿一南方軍総司令官のもとに派遣して「南方総軍及び大本営の作戦が動脈硬化症状を示し，そのために多くの人命が無駄に失われている」とはっきり述べて作戦の中止を訴えた．しかし，南方総軍は，レイテ決戦続行の指示を出してサイゴンに司令部を移転させてしまい，特攻隊の攻撃を指揮していた富永恭二中将も，台湾に脱出してしまった．

　そのような中で，山下大将は12月19日，レイテ作戦中止と撤退の命令を出

し，マニラ陥落の後，退路が絶たれる寸前に，自給抗戦のできる山中に退避行を開始した．マニラを放棄するに当たって，山下大将は，二個大隊だけを残そうとしたが，海軍は反対し，陸戦隊約1万人をマニラ死守に当たらせた．このマニラ残留兵は，食糧も銃器・弾薬もない玉砕部隊で，自暴自棄に陥り，虐殺・拷問・強姦・破壊・略奪などに走った．

山下大将自身の退避行も容易ではなく，別荘地バギオ山中→バンバン→キアンガン→ハバンガン→塩泉のあるアシン渓谷と転々とし，ガソリンや銃器・弾薬の不足は言うに及ばず，通信機も旧式で大型のため運搬が難しく，電池や真空管の不足もさることながら通信士や暗号士にも事欠き，指揮下の部隊とも連絡がとぎれがちで，必要な命令の伝達もできず，マラリアや赤痢にも悩まされた．

このような状況では，残虐行為を防止しなかった責任の前提として，果たして残虐行為が行われているという情報の収集が可能であったか疑わしく，万が一情報の収集ができたとしても，軍の組織そのものが崩壊する中で，有効な防止策を講じ得たか疑わしい．

しかし，マニラ市内の高等弁務官ホールで開かれたアメリカ軍事委員会は，当時の具体的状況を無視して約3ヵ月のスピード裁判で絞首刑の判決を下し，山下大将に絶対的責任とも言えるコマンド責任を課した．それは，いかなる状況でも責任を問う厳しいものであった．判決は，アメリカ時間で真珠湾攻撃の日にあたる1945年12月7日に言い渡された．

この判決については，アメリカ最高裁判所に人身保護令と判決の執行中止の請願が出されたが，事件は軍事裁判の対象であり，最高裁判所の管轄外という理由で却下された．アメリカ最高裁判所の裁判では，「偏見に基づく裁判で，復讐精神をのさばらせるものである」という意見がつけられたものの，少数意見に留まった．

ちなみに，山下大将がフィリピンの山中から投降して降伏文書に調印した際，敵軍を代表したのは，シンガポール陥落の際，マレーの虎と恐れられた山下大将に「イエスかノーか」と迫られて屈辱を強いられた英軍パーシバル中将であった．そこには，旧日本軍によるマニラ開場の際，マッカーサーに代わって降伏したJ．ウェンライト中将も列席していた．

マッカーサーは，軍服を剝奪して早く処刑するように命令したが，山下大将は，幸いにも，執行に立ち会ったオルドマン大尉から進呈されたカーキ色のシャツとズボンを身につけて，1946年2月23日，ロス・バニョス刑場で処刑された．

　　山下奉文大将は，シンガポール・マレー半島・香港・インドネシア・フィリピンで起きた華僑粛清計画の中心人物であり，その犠牲者は8万人を超える．同事件は，シンガポール血債事件として，戦後賠償の原因となったことで知られる．

　　中島正人著『謀殺の航跡——シンガポール華僑虐殺事件』（講談社）によると，山下奉文大将は，「シンガポールの華僑は皆殺しだ．シンガポールだけじゃない．とにかくこの南洋から華僑を一人残らず追い出せ．華僑なんか皆殺しにしろ」と何度も言っていた．

　　日本軍がシンガポールを占領したときの虐殺は，想像を絶するもので，証人の証言によって当時の状況を再構成した『日本軍占領下のシンガポール——華人虐殺事件の証明』（青木書店）によれば，子供を抱いて，両足をつかんで振り回しながら樹木に頭をぶつけ，脳漿が流れ出た者もあり，また，短波ラジオを聞いた者に対しては，赤く焼けた鉄を耳にくっつけて両方の耳をふさぎ，もし白状しなければ，針金で両耳を突き通す刑が執行された．

（ⅱ）　東京裁判で広田弘毅首相が問われたコマンド責任

　広田弘毅は1933年9月に外相となったが，たまたま前内閣が二・二六事件で倒れたために1936年3月に首相となり，世間からヒロッタ（拾った）内閣と冷やかされ，その後，再度外相についた．南京大虐殺事件は，外相就任後の1937年12月に起こった．

　東京裁判では，「日本軍の南京入場直後に起こった残虐事件について，外相として報告を受けていた．事件については，陸軍省の責任で止めるという約束がなされた．この保証約束がなされた後，少なくとも1カ月は，残虐行為が続けられているとの報告が届いていた」と認定した上，「何百人もが，毎日，殺害・強姦・その他の残虐行為の犠牲になっているのに，広田が，陸軍省の保証約束が履行されていないのを知りながら，「残虐行為を直ちに止めさせるべく対策をとるべきだ」と閣議で固執せず，また，彼に可能だったその他の手段を

何らとらなかったのは，職務に課せられた義務に違反し，この義務違反＝不作為は，刑事責任に値する」と判断され，絞首刑となった．

しかし，児島襄によれば，外相当時の広田弘毅は，南京事件も軍の検閲で知る由もなかったとされている．

(iii) ICTYでコマンド責任が問われた事例
❖ドブロヴニク破壊事件

ドブロヴニク(中世自治都市)破壊事件の被告人ストゥルーガは，JNA中将で，1991年10月にドブロヴニク周辺を管轄するJNA第2方面軍司令官に就任した．ドブロヴニク破壊事件は，コヴァチェヴィッチ大尉(472機甲旅団の第3大隊司令官)指揮下の部隊によって行われたが，ストゥルーガは，コヴァチェヴィッチの部隊に対して，上官として指揮・命令する権限を有していた．

ストゥルーガは，スルディ山の奪還を命令しただけで，旧市街の攻撃は命令していない．また，スルディ山奪還のために，必要ならドブロヴニクも含めて攻撃することが合意された作戦会議にも出席していない．

ところで，旧市街の攻撃が始まると，国際的非難が巻き起こり，ストゥルーガは，攻撃停止要求を突きつけられたが，国際的非難をやり過ごし，直ちに攻撃停止命令を出さなかった．ドブロヴニクに対する軍事作戦は，10月1日から始まり，本件前の戦闘行為でも旧市街に数百の銃弾が打ち込まれていたのだから，ストゥルーガとしては，指揮下の部隊が再び故意の無差別攻撃を旧市街にしかける強い現実の危険を感じたはずである．

ストゥルーガが停戦命令を出したのは，旧ユーゴ連邦国防大臣の指示を受けた後にすぎない．しかも，この停戦命令は，一部の部隊に伝えられただけで，スルディ山奪還作戦に当たっていた歩兵部隊には伝えられず，そのために実際の停戦は翌日にずれこんだ．

したがって，ストゥルーガ自身が旧市街攻撃命令を出し又は教唆したとは認められないが，旧市街が攻撃対象にされないように，又は攻撃を終わらせるように充分な手段を尽くさなかった．さらに，事件の後には，旧市街を攻撃した犯人の処罰をすることが可能だったのに，いずれの手段もとらなかった．それは，上官として有する権限内の手段を尽くしていないということであり，コマ

ンド責任を負う．

❖サライェヴォ青空市場迫撃事件

　被告人ガリッチは，VRS少将で，サライェヴォ・ロマニヤ師団長である．同師団長は，ナンバー1のVRS最高司令官であるスルプスカ共和国大統領カラジッチ，ナンバー2のVRS司令官ムラジッチの下で，10旅団，1万8000人の兵を統率して指揮し，モスリム人勢力や国連との交渉など，師団の指揮権限を一手に収めていた．サライェヴォがセルビア人勢力の攻撃に晒された約3年半の間，サライェヴォ・ロマニヤ師団の師団長は3人交代しているが，ガリッチは，1992年9月から1994年8月までの2年間，最も長期間，師団長を務めた．

　ガリッチの行為が，指揮・命令などをした個人の直接責任に当たるのか，充分な予防措置をとらなかったコマンド責任に当たるのかについては，一審判決では意見が分かれた．

　多数意見は，以下の理由で，個人の直接責任に当たるとしている．

　つまり，広範な一般市民に対する攻撃は，司令官の意思なしには行い得ないのは明らかで，例えば，国連の警告の後には，VRSの攻撃の頻度はまばらになったが，長くは続かず，再び頻繁に攻撃が行われるようになったことに示されるように，ガリッチは，攻撃の規模や頻度を積極的にコントロールしていた．

　なるほど，ガリッチは，明らかな攻撃命令を出さなかったが，23ヵ月もの間，部下の犯罪を知り，上官として犯罪をストップする義務を負いながら，何もしなかった．それは，とりもなおさず，積極的に一般市民に犯罪を加える意思を黙示的に示したということである．

　これに対し，少数意見は，以下の理由で個人の直接責任には当たらず，コマンド責任に当たるとしている．

　つまり，ガリッチの命令を聞いた者はなく，書面もないので，命令したというのは間接証拠からする推論である．ところで，推論の根拠として多数意見が挙げている証拠は，「国連代表が，1992年12月16日，ガリッチと会談した際，ガリッチは，「街を破壊するかモスリム人を追い出すかの二つに一つだ」と言って脅かした」という証言であるが，何年も後に思い出せるほど印象的な言葉

でありながら，サライェヴォ滞在中につけていたという当該証人の日記には記述されておらず，同人が検察側に提供した他の資料にも，これを裏付ける記述がないので，信用性に疑問がある．それに，同会談に同席した他のメンバーは，上記ガリッチの言葉を記憶していない．同席者は，「サライェヴォは包囲状態にあるので，ボスニアの他の地域でセルビア人勢力の計画どおり事が進まなければ，サライェヴォを人質にできる」という一般認識があったと証言するだけである．また，多数意見は，「空港で一般市民をターゲットとすることをやめない」旨のガリッチの発言を命令したことの根拠にしているが，ガリッチは，一般市民にカムフラージュした兵士が軍事目的で空港を利用していると見ていたために，そのような発言をしたのであって，「一般市民をターゲットとせよ」という命令を出したわけではない．証人となった元兵士も「一般市民に空港が開放されたのを利用して，爆薬が運び込まれていた」「1993年3月には，弾薬を積んだトラックが滑走路を横切る際に銃撃されて爆発した」と証言している．

それに，ガリッチは，ジュネーヴ条約をはじめ，国際人道法を遵守するよう書面(1993年5月15日，同年9月15日)を出しており，証人となった16人の元兵士が「一般人をターゲットとしないように」との命令を聞いたとしている．また，ガリッチは，国連の代表から，「ガリッチの部下兵士が一般市民を標的にしている可能性がある」との警告を受けると，少なくとも2回(1992年11月28日，1993年8月20日)，内部調査に乗り出している．

つまり，ガリッチは，部下である犯罪実行者に対して実質的支配権を有し，事前に犯罪を知り得たのに，調査を徹底して部下の犯罪を防止するすべての手段をとっているとは言えず，コマンド責任を負う．

（5） JCEとコマンド責任の関係

上官が犯罪を命令したり，JCE(犯罪集団)のトップとして実行犯とともに犯罪を行ったときは，コマンド責任は問題にならない．つまり，ICTY Statute 7条1項の個人の直接責任によって，作為の責任を問われるときは，同じ事件で再び不作為の責任を問われることはない．コマンド責任は，不作為によって犯罪が行われたのが事実であるとき，又は作為によって行われたのが事実でも立証がつかないときに問題にされる．

そして，上官たる地位は，ICTY Statute 7条1項の個人の直接責任を問うについて，刑を重くする情状として考慮される．他方，コマンド責任は，上官であるからこそ追及される責任なので，上官たる地位はコマンド責任で評価され尽くしており，刑を重くする情状にはならない．

　ICTYでは，検察官は，通常，一つの事実(訴因)について，個人の直接責任とコマンド責任の両方に当たるとして，(選択的にではなく)重畳的に，ICTY Statute 7条1項と3項を掲げて起訴している．ICTY の判例も最初のうちは，このような検察官の適条のやり方をそのまま判決で認めていた．しかし，このような考え方は，作為と不作為で同時に責任を問う矛盾があるため，ICTY の判例は，上記本文のような考え方に改められた．

　犯罪を命令し又はJCEのトップとして，実行犯とともに犯罪を行うときは，予防行為又は処罰行為をしないのは当然であって，コマンド責任(不作為)は，個人の直接責任(作為)で評価され尽くしており，別個に問題にはならない．そして，ICTY Statute 7条1項が優先適用され，コマンド責任は，不作為によって犯罪が行われたのが事実であるとき，又は作為によって行われたのが事実でもその立証がつかず，不作為なら立証可能なときに問題にされるだけである．

　しかし，ICTY の判例は，同時に，個人の直接責任(作為)を問うか，コマンド責任(不作為)を問うかは，裁判官の裁量で決めることができ，最も適切な責任の形態を選択できるとも述べており，上記の理論にだけ従っているわけではない．

　それは，非理論的に見えるが，個人の直接責任(作為)も合理的疑いを入れない程度に立証できていると言えるが，コマンド責任なら100％疑いを入れず立証できている場合，実務的には，コマンド責任を問うのがベターだと考えられる．最も適切な責任の形態を選択できるという考え方は，そのような場合を救うための便法である．

（6）コマンド責任の今日的意義

　上官であったというだけで責任を追及しても後々の教訓は得られない．しかし，ICTY が問題にしているコマンド責任は，具体的な状況で何をすべきであったかを問うものであり，戦争状態を超えて，どの組織にも妥当する普遍性がある．ところで，コマンド責任を問われる事態は，部下の逸脱行為と見える行

為が，実は，一般には通用しない組織の論理を体現した行為である場合に起こりがちである．このような場合，何らかの理由で，逸脱行為が組織の外部に漏れて明らかになると，体面をつくろって，トカゲの尻尾切りのように末端の行為者の責任だけを問題にしようとする．これでは組織のあり方は改まらず，将来とも組織のあるべき姿は期待できない．

　国際慣習法として確立しているコマンド責任は，組織の大勢に抗しても，あるいは辞表を叩きつけてでも，あるべき姿を追求することを上官に求めているのである．

　コマンド責任は，ジェノサイドの罪や人道に反する罪などの重大な犯罪行為を防止又は処罰しなかった場合に限られ，部下の日常的な逸脱行為を問題にしているわけではなく，また，同僚が見て見ぬ振りをしても同様の責任が生じるわけではない．

　しかし，コマンド責任の考え方は，組織人一般の身の処し方に通じ，是々非々の行為を追求しようとする空気を組織全体に醸成するように思われる．

第3節　元首の責任

（1）問題の所在

　元首や政府高官が，職務行為として，戦争犯罪などの重大な犯罪を犯したとき，彼らが要職を占めていた政権が，彼らを訴追することは考えられない．それなら，国際的な裁判所や外国の裁判所は，彼らを訴追して刑事責任を追及できるだろうか．

　同じような問題は，国内的にも起こりうる．つまり，反政府の人々を拷問したり迫害して人権を抑圧していた軍事政権などが，政変によって民主政府に取って代わられ，かつての軍事政権などの元首や政府高官を訴追したとき，彼らは，刑事免責の主張ができるだろうか．

　これらの点が，ここでの問題である．

（2）元首の刑事免責

　まず，刑事免責とは，以下の二つをいう．

① 手続的免責とは，その地位にある期間は，あらゆる刑事上の責任を免れるという意味である(immunity rationae personae 又は procedural immunity と呼ばれる).
② 実体的免責とは，職務に関する行為から生じる刑事上の責任を免れるという意味である(immunity rationae materiae 又は substantial immunity と呼ばれる).

手続的免責は地位を離れれば免責の特権もなくなるのに対して，実体的免責は地位を離れても免責の特権はなくならない．

元首などの刑事免責について，ICTY Statute 7条2項は，「元首，政府の長又は政府高官などの公的地位は，刑事責任を免れさせず，また責任を軽減しない」と定めている．ICC Statute 27条も同趣旨である．

これらの規定は，手続的免責と実体的免責の両方が適用されないことを意味する．つまり，ジェノサイドの罪，人道に反する罪，戦争犯罪などの重大な犯罪については，現に公的地位にある期間でも訴追が可能であり，公的な職務に関する行為として行われたとしても，免責されないのである．

ICTY は実際，ミロシェヴィッチ事件にこの規定を適用し，「ICTY が管轄する戦争犯罪については，刑事免責は認められない」としている．

> ミロシェヴィッチは，現に大統領職にあった期間中の1999年5月22日に起訴された．その後，大統領職を退き，セルビア国内で別件(公金横領などの国内犯罪)により勾留されていた期間中の2001年6月29日にICTYに身柄を移送された．刑事免責の申立てが行われたのは，身柄を移送された後である．同申立ては，実体的免責の主張なのか，手続的免責の主張なのか明確ではなかったが，ICTYは，同年11月8日の決定で，実体的免責についての申立てと解釈し，検討の上，これを否定している．

(3) 元首の責任の歴史的発展
(i) 世界管轄を認める条約の採択

元首や政府高官が，重大な犯罪，とくにジェノサイドの罪，人道に反する罪，戦争犯罪などを職務上犯したときにも，刑事責任を免れないという考え方は，ジェノサイドの罪などの歴史の教訓によって生まれたものである．

つまり，従来は，被害者も加害者も国民で，国内で犯罪が行われるのが常であった．そこでは，刑事裁判権は，国家の治安を維持するために，国内で行使されることが想定されていた．

しかし，時代が下ると，ジェノサイドの罪，人道に反する罪，戦争犯罪などの忌まわしい犯罪が，国家の枠を超えて犯されるようになった．そこで，これらの犯人を国家の枠を超えて処罰することによって，将来，忌まわしい犯罪が，再び繰り返されないようにすることが必要と考えられるようになった．それとともに，国際人道法や人権についての考え方も発展し，多くの国が，被害者の人権をより良く保護することに関心を持つようになった．

こうして，重大な犯罪については，国家主権を超えて刑事裁判権を及ぼすべきだと考えられるようになり，世界管轄を認める条約が作られるようになった．例えば，世界管轄を打ち立てた条約は，1910年に締結された「白人奴隷売買の禁止に関する条約」(the International Convention for the Suppression of the White Slave Traffic)など，古くは20世紀初頭にまで遡ることができる．その後，奴隷売買，海賊行為，通貨偽造，テロ禁止などについても，同様に，世界管轄を認める条約が作られた．第二次世界大戦後になると，1949年のジュネーヴ四条約をはじめ，締約国に世界管轄権を規定する義務を負わせる多くの条約が作られた．

　　　世界管轄を規定した条約は，以下のとおりである．
　　　1948年のジェノサイド禁止条約6条は，犯罪が行われた土地の締約国に訴追の義務を負わせ，国際的な裁判所の管轄権を受け入れた締約国については，国際的な裁判所も，犯人を裁判できるとしている．
　　　1949年のジュネーヴ四条約(Iの49条，IIの50条，IIIの129条，IVの146条)及び1977年の追加議定書I・II，1984年の拷問禁止条約，1989年の傭兵の募集・使用・資金供与・訓練の禁止に関する国際条約は，他の締約国に犯人を引き渡すか，自国で裁判する義務を負わせている．
　　　1973年のアパルトヘイトの禁止及び処罰に関する国際条約5条は，犯罪が行われた土地の締約国に訴追の義務を負わせ，その他の締約国の裁判所，及び国際的な裁判所の管轄権を受け入れた締約国については，国際的な裁判所も，犯人を裁判できるとしている．

ところで，世界管轄権を設定する条約が存在することは，必ずしも実際にそ

れを行使することには結びつかない．両者は別の問題であり，元首などに刑事免責が認められるか否かは，実際に世界管轄権が行使され適用されることによって国際慣習法として確立しているかによる．それは，以下のとおり，国際的な刑事裁判所の場合と外国や政変後の当該国とでは，歴史的に異なる発展をたどってきた．

(ii) 国際的な刑事裁判所の世界管轄権の行使

重大な犯罪を犯した犯人を国際的な刑事裁判所で裁判するときは，世界管轄権が実際に行使され，元首などの刑事免責は認められなかった．

ニュルンベルク裁判は，「元首又は政府高官などの公的地位は，刑事責任を免れさせず，また責任を軽減しない」とのニュルンベルク条例の規定を適用して，以下のように述べている．

つまり，「国家の代表を，ある状況下で保護する国際法の原則は，国際法で犯罪とされる行為には適用されない．犯人は，処罰を逃れるために公の地位の陰に隠れることはできない．……ニュルンベルク条例の核心は，個人は，各国によって課される国内的義務を超える国際的義務を負っているということである．国家が戦争犯罪を容認して，国際法で認められた権限を超えて行動するときは，国家の権限に従って行動しても，戦争犯罪を犯した者は，刑事免責を得られない」として，元首など公の地位に基づく行為が刑事責任を免れないとするとともに，情状としても考慮することを認めなかった．

元首などが刑事免責を受けない旨の規定は，ニュルンベルク裁判で初めて適用されたが，国際法廷でそのような規定を適用するという考え方は，当時においても目新しいものではなかった．

つまり，第一次世界大戦後，ドイツ皇帝ヴィルヘルム二世はオランダに亡命し，その他の戦犯も誰一人として連合国に引き渡されなかったため，彼らを国際的な刑事裁判所で裁くことは実際にはできなかったが，ヴェルサイユ条約は戦争犯罪について，ドイツ皇帝及びドイツ軍人の戦犯を国際的な刑事裁判所で裁くことを予定していたのである．すなわち，ヴェルサイユ条約は，ドイツ皇帝ヴィルヘルム二世については，227条で，米・英・仏・伊・日の5人の裁判官で構成される特別法廷で裁判することを予定しており，その他のドイツ戦犯

については，228条及び229条で，被害者の国籍国の軍事法廷，被害者の国籍国が多数のときは，それらの国の軍事法廷のメンバーで構成される国際軍事法廷で裁くことを予定していた．

第二次世界大戦後，国際法の普遍的原則を打ち立てたニュルンベルク原則は，元首などが刑事免責を受けないとするニュルンベルク裁判での実際の適用を支持して，「国際法の下で犯罪を構成する行為を犯した者が，元首又は政府高官として行動したという事実は，国際法の下での刑事責任を免れさせない」と規定している．同原則は，その後，多くの国に受け入れられ，国際慣習法として確立している．

(iii) 個別の国での世界管轄権の行使

国際法廷の場合と違い，自国が，重大な犯罪を犯した他国の犯人を裁く場合の取り扱いは，一様ではない．

そもそも，第二次世界大戦前に世界管轄権を設定した条約は，締約国の数が限られていたり，世界管轄権を行使する条件が厳しかったりして，世界管轄権が実際に行使されることはなく，第二次世界大戦後に至っても，世界管轄権の規定は，長年にわたり，実際に行使されずに眠っており，それが問題になりだしたのは，つい最近にすぎず，その数も限られている．

しかも，元首などに刑事免責を認めるか否かについての各国の取り扱いは，必ずしも同じではなく，その時々の各国の判断に任されてきたのが実情である．

例えば，実体的免責を認めなかった事例として，ピノチェト事件がある．1999年3月24日，イギリス上院(House of Lords＝イギリス最高裁)は，チリの元首だったピノチェトに実体的免責を否定して，チリに身柄を引き渡した．ピノチェト事件の決定(Decision of the House of Lords dated 24 March 1999)では，イギリス上院は，「基本的な人権は適正に守られるべきである．そのためには，民間人に対して残虐行為を行った者は，刑事責任をとらされなければならない．この点に関し，被告人の高い地位は，いかなる抗弁にもならない」としている．なお，当時，ピノチェトは大統領職を退いていたため，手続的免責は問題ではないが，手続的免責についても検討され，意見は分かれた．

なお，ピノチェト事件では，チリへのピノチェトの身柄引渡しが問題になったのであって，イギリスで裁判を行ったわけではない．しかし，ちょうど鏡に映したように対称的な事件，つまり，チリでイギリス人元高官が人道に反する罪などで逮捕された場合，イギリスがイギリス人元高官を処罰できなければ，引渡しに必要な相罰性の要件を満たさず，ピノチェトをチリに引き渡せない．その意味で，イギリス上院は，「政府高官や元首は実体的免責を受けるか」という点について議論し，上記結論に至ったのである．

他方，元首であることを理由に手続的免責を認めた事例として，フランス航空機爆撃事件がある．つまり，2001年3月13日，フランスの破棄院(Cour de Cassation＝フランス最高裁)は，リビア元首カダフィに対するフランス航空機爆撃事件についての裁判管轄権を，カダフィが現にリビア元首であることを理由に，否定している．

このように各国の取り扱いは様々であるが，国際司法裁判所(ICJ)は，コンゴ対ベルギー事件の判決で，元首などについて，国際法廷ではなく外国である他国が世界管轄権を行使することは，未だ国際慣習法になっているとは言えず，刑事免責が認められるとしている．

同事件は，ベルギーの出したコンゴの外務大臣に対する逮捕状をめぐって，現職の外務大臣が，外国の刑事訴追を免れることができるかが争われたもので，ICJ判決は，「外務大臣の刑事免責については，既存の条約にはぴったり当てはまる規定がなく，国際慣習法に基づいて判断しなければならない」とした上，「外務大臣の職務は，他国との交渉にあたる職責上，国際法によって国家の代表と認められ，したがって，国家元首の職務に比せられる．現職の外務大臣が犯した犯罪について，世界管轄権を行使する外国によって刑事訴追されるという国際慣習法は存在しない．それは，戦争犯罪及び人道に反する罪のような極悪非道な犯罪の場合も同様である．したがって，現職の外務大臣は，外国にいる間，いかなる刑事訴追も受けない」とし，さらに付け加えて，「それは，永久に刑事免責を与えられることとは別の問題だ」として，以下の裁判所には「訴追が可能である」としている．

① コンゴの国内裁判所
② コンゴが刑事免責の特権を放棄したときには，他国の裁判所

③ 外務大臣でなくなったときには，外務大臣になる前及び辞めた後の行為，及び外務大臣中の私的行為について，他国の裁判所(換言すれば，他国の裁判所に対しては，手続的免責と外務大臣中の公的行為についての実体的免責が認められるということ)

④ 裁判権を有する国際的な刑事裁判所(例えば，ICC)

以上のような理由で，ICJ は，2002 年 2 月 14 日決定を出し，ベルギーに，2000 年 4 月 11 日に出した逮捕状の取り消しと，当該逮捕状が回付された国にその旨の通知をすることを命じた．

思うに，国際的な刑事裁判所ではなく，外国の刑事訴追を別異に考える実質的理由は，①仮に，元首や外務大臣が，他国の刑事訴追を受けるとすれば，たとえ，戦争犯罪などの極悪非道な犯罪に限っても，刑事訴追が政治的道具に使われて，正常な国家間関係が損なわれる恐れがあること，②他国の刑事訴追を受けるとすれば，公正な裁判所の保障がなければならないところ，個別の国家については，必ずしもこれが保障されていないこと，③他国の刑事訴追を免れても ICC などの裁判権には服することになるので，刑事免責を与えることにはならないこと，などであろう．

◈ **刑事免責についての条約**

「1961 年の外交関係に関するウィーン条約」(Vienna Convention on Diplomatic Relations, April 18, 1961) は，31 条及び 39 条で，外交官の実体的及び手続的免責，29 条で，外交官の不可侵を定めている．同条約は，外交関係の重要性を考慮し，<u>接受国における外交官等の刑事免責</u>(実体的免責及び手続的免責)を認めている．しかし，外交官を派遣した<u>接受国以外の場所での外交官等の刑事免責</u>にも，外交官以外の<u>政府高官の刑事免責</u>にも言及していない．

また，「1969 年 12 月 8 日の特別使節についてのニューヨーク条約」(New York Convention on Special Missions of 8 December 1969) は，21 条で元首・外務大臣・政府高官に，派遣国の特別使節である期間中に限って，手続的免責(immunity rationae personae)を認めている．しかし，実体的免責には言及しておらず，特別使節でない元首・外務大臣・政府高官の刑事免責についても言及していない．

つまり，これらの条約による刑事免責の適用範囲は限られており，一般的に元首等に刑事免責を与えたものではない．

「1961年の外交関係に関するウィーン条約」

(Vienna Convention on Diplomatic Relations, April 18, 1961)

29条　外交官は不可侵である．外交官は逮捕又は勾留されない．接受国は，外交官を敬意をもって接遇し，その身体・自由・尊厳に危害が加えられないよう，すべての適切な措置をとらなければならない．

Article 29

The person of a diplomatic agent shall be inviolable. He shall not be liable to any form of arrest or detention. The receiving State shall treat him with due respect and shall take all appropriate steps to prevent any attack on his person, freedom or dignity.

31条　1. 外交官は，接受国において，刑事免責を享受する．
　　また，以下の場合を除いて，外交官は，接受国において，民事免責及び行政的免責を享受する．
　（a）接受国の領域内にある私有不動産についての事件，ただし，外交官が，派遣国のために外交任務の目的で当該不動産を所有する場合を除く．
　（b）承継に係わる事件，ただし，外交官が，派遣国のためでなく私人の資格で，執行人，管理者，又は相続人若しくは遺贈を受ける者として係わる事件．
　（c）外交官が接受国で外交任務以外に営む職業又は商業活動に係わる事件．
　2. 外交官は，証人として証言する義務がない．
　3. 本条1の(a)(b)(c)に掲げる場合以外は，外交官に対して強制執行は行われない．また，強制執行は，外交官の身体及び住宅の不可侵を侵さない限度でのみ可能である．
　4. 外交官の接受国における免責は，派遣国の裁判権を免れさせるものではない．

Article 31

1. A diplomatic agent shall enjoy immunity from the criminal jurisdiction of the receiving State. He shall also enjoy immunity from its civil and administrative jurisdiction, except in the case of:

　(a) a real action relating to private immovable property situated in

the territory of the receiving State, unless he holds it on behalf of the sending State for the purposes of the mission;
(b) an action relating to succession in which the diplomatic agent is involved as executor, administrator, heir or legatee as a private person and not on behalf of the sending State;
(c) an action relating to any professional or commercial activity exercised by the diplomatic agent in the receiving State outside his official functions.
2. A diplomatic agent is not obliged to give evidence as a witness.
3. No measures of execution may be taken in respect of a diplomatic agent except in the cases coming under sub-paragraphs (a), (b) and (c) of paragraph 1 of this Article, and provided that the measures concerned can be taken without infringing the inviolability of his person or of his residence.
4. The immunity of a diplomatic agent from the jurisdiction of the receiving State does not exempt him from the jurisdiction of the sending State.

39条 1. 特権及び免責の資格がある者は，その任務を遂行するために接受国の領域内に入った時から，又は，すでに領域内にいる場合には，外務省又は合意で決められた他の省に，その任命が通知された時から，特権及び免責を享受する．
2. 特権及び免責を享受する者の任務が終了したときは，特権及び免責の享受は，通常，その者が接受国の領域を離れた時，又は，離れるのに合理的な期間が経過した時に終了するとともに，武力紛争の場合を含めて，その時まで継続する．しかし，外交使節のメンバーとして，その任務を遂行するために行った行為については，免責は存続し続ける．
3. 外交使節のメンバーが死亡したときは，その者の家族は，接受国を離れるのに合理的な期間が経過する時まで特権及び免責を享受する．
4. 接受国の国民でない外交使節のメンバー，又は接受国に恒久的な住所を有しない外交使節のメンバーが死亡したとき，又はその者の世帯に属する家族が死亡したときは，接受国は，死者の動産の撤去を許さなければなら

ない．ただし，接受国で取得し，死亡時に輸出の禁じられた動産は，この限りでない．接受国に存在する動産については，当該動産が接受国に存在した理由が，死亡した外交使節のメンバー又はその家族が，当該接受国に居たためだけであるときは，不動産税及び相続税は徴収されない．

Article 39

1. Every person entitled to privileges and immunities shall enjoy them from the moment he enters the territory of the receiving State on proceeding to take up his post or, if already in its territory, from the moment when his appointment is notified to the Ministry for Foreign Affairs or such other ministry as may be agreed.

2. When the functions of a person enjoying privileges and immunities have come to an end, such privileges and immunities shall normally cease at the moment when he leaves the country, or on expiry of a reasonable period in which to do so, but shall subsist until that time, even in case of armed conflict. However, with respect to acts performed by such a person in the exercise of his functions as a member of the mission, immunity shall continue to subsist.

3. In case of the death of a member of the mission, the members of his family shall continue to enjoy the privileges and immunities to which they are entitled until the expiry of a reasonable period in which to leave the country.

4. In the event of the death of a member of the mission not a national of or permanently resident in the receiving State or a member of his family forming part of his household, the receiving State shall permit the withdrawal of the movable property of the deceased, with the exception of any property acquired in the country the export of which was prohibited at the time of his death. Estate, succession and inheritance duties shall not be levied on movable property the presence of which in the receiving State was due solely to the presence there of the deceased as a member of the mission or as a member of the family of a member of the mission.

「1969年12月8日の特別使節についてのニューヨーク条約」
(New York Convention on Special Missions of 8 December 1969)
21条 元首及び政府高官の地位
1. 派遣国の元首は，特別使節の長を務めるときは，接受国又は第三国において，国際法によって公式訪問の際に元首に与えられる便宜，特権及び免責を享受する．
2. 政府の長，外務大臣及び政府高官は，派遣国の特別使節に加わるときは，接受国又は第三国において，本条約で認められた便宜，特権及び免責のほか，国際法で認められた便宜，特権及び免責を享受する．

Article 21: STATUS OF THE HEAD OF STATE AND PERSONS OF HIGH RANK
1. The Head of the sending State, when he leads a special mission, shall enjoy in the receiving State or in a third State the facilities, privileges and immunities accorded by international law to Heads of State on an official visit.
2. The Head of the Government, the Minister for Foreign Affairs and other persons of high rank, when they take part in a special mission of the sending State, shall enjoy in the receiving State or in a third State, in addition to what is granted by the present Convention, the facilities, privileges and immunities accorded by international law.

第4節　上官命令の抗弁

(1) 上官の違法な命令に従った部下の責任

上官の違法な命令に従って行動した部下に犯罪の責任を問えるかどうかの問題の核心は，①上官の命令は部下によって執行されなければならないという組織の規律上の要請，とくに，軍隊における規律上の要請と，②何人も普遍的な正義の命じるところによって行動しなければならないという要請との調和点を，どこに見出すべきかである．

軍隊の規律と普遍的な正義の調和点は，一言で言えば，古くは，軍隊の規律に重点が置かれ，上官の命令に従った部下は，たとえ上官の命令が違法であっ

ても，責任を問われるべきではないと考えられていた．しかし，時代が下るにしたがって，普遍的な正義に基づいて行動すべきだと考えられるようになり，普遍的な正義に重点が置かれるようになった．

（2） 上官命令の抗弁についての規定
（i） ICTY Statute

ICTY Statute 7条4項は，「政府又は上官の命令に従ったという事実は，被告人の刑事責任を免れさせない．ただし，裁判所が適当と認めるときは，情状として考慮される」として，ニュルンベルク条例や東京条例と同じ文言を使っている．文言上は，上官命令の抗弁は一切認められないように読めるが，その内容は，ニュルンベルク裁判で解釈適用された基準と同じであり，「具体的状況を前提にして，部下が，上官命令が違法であることを知っていることが，合理的に期待できないとき」という意味である．それは，ICTY 設立当時の国際慣習法を反映したものである．

（ii） ICC Statute

ICC Statute 33条1項は，「政府の命令，又は軍人と文民とを問わず上官の命令に従って，人が ICC の管轄に属する犯罪を犯したという事実は，……当該人の刑事責任を免責しない」としている．

ただし，以下の三つの条件を満たすときは，部下は刑事責任を免れるとしている．三つの条件とは，つまり，「(a)当該人が，政府又は上官の命令に従うべき法的義務(筆者注：道徳的義務では足りない)を負っているとき，(b)当該人が，命令が違法であることを知らないとき，かつ(c)命令が明らかに違法でないとき」である．

ちなみに，このように免責が広く認められたのは，「上官の命令を疑ってかかるのは軍規に反する」とするアメリカの強い懸念を反映したためである．

この関連で，上記3条件のうち，「明らかに違法」とはどのような場合かが問題となるが，ICC Statute 33条2項は，この点につき，「ジェノサイドの罪又は人道に反する罪を犯すべき命令は，明らかに違法である」としている．

これは，裏を返せば，民間ターゲットの破壊など，戦争の法規及び慣習に違

反する罪の執行命令は，明らかに違法とは必ずしも言えないということである．
　確かに，戦争の法規及び慣習に違反する罪の執行命令は，文言上直ちに明らかに違法とまでは言えない場合もある．
　例えば，ゲリラ活動があるとして村の攻撃命令が出された場合，命令の文言からは適法であるが，実は，ゲリラ活動と見えたものは，アフガニスタンの伝統に従った結婚式における銃の空に向けた発射行為であって，実際は民間ターゲットに対する攻撃命令が違法な場合もある．また，軍事施設に対する攻撃命令として適法に見える命令も，現場の具体的状況からして，実際には，攻撃による軍事的メリットに比して，周辺の民間施設に多大の損害を与えることが客観的に予想でき，比例の原則に違反して違法な攻撃命令の場合もある．
　そのような場合，ICC Statute 33条1項の規定は，文言上は，<u>当該人が，命令が違法であることを知らない</u>だけで充分としているようにも見える．
　しかし，部下は，上官命令を鵜呑みにしてそのまま執行するのではなく，命令を執行する前に現場確認を行い，自らの権限の範囲内で最大限可能な限り，自らの注意と判断を働かせ，具体的状況に応じて自らの責任で行動することが求められて然るべきではないだろうか．なぜなら，そのような場合は，現場確認さえすれば，具体的状況下では，上官命令が違法なことは容易に分かるからである．換言すれば，<u>違法であることを知っていることが，合理的に期待できないとき</u>には当たらないからである．
　しかし，同規定がどのように解釈適用されるかは，今後のICCの判例を待つほかない．

（3）上官命令の抗弁の歴史的発展
　第一次世界大戦後，ドイツのライプチヒ最高裁は，上官命令の抗弁が問題になったLlandovery Castle Case(Case No. 235, Full Report, 1921(CMD 1450), p. 45)で，「軍隊において，部下は，上官の命令が違法ではないかと疑ってかかる義務はなく，その適法性を信頼して差し支えない．ただし，上官の命令が違法であることが，<u>被告人を含めて，万人に明らかなとき</u>は，上官命令に従った旨の抗弁で，刑事責任を免れることはできない」と述べている．つまり，明々白々に違法な命令でなければ，仮に上官の命令が違法であっても，部下はこれ

に従って行動してよく，後で責任を問われることはないとしたのである．

しかし，第二次世界大戦後になると，部下の責任はずっと広く認められるようになった．

つまり，ニュルンベルク条例は，上官命令に従った部下の責任について，「政府又は上官の命令に従ったという事実は，刑事責任を免れさせない．ただし，裁判所が適当と認めるときは，情状として考慮される」と規定している．

この規定は，文言上，どのような場合でも，普遍的な正義の要請に従うことを要請している絶対的責任規定(absolute liability)のように見える．しかし，実際の内容は，条件付き責任規定(conditional liability)，すなわち，部下が責任を免れるためには，①当該部下が命令が違法であることを知らないだけでは充分でなく，②違法だと知っていることが合理的に期待できないことが必要とする考え方(the subordinate(＝accused) knew or should have known approach)である．

それは，以下のとおり，この規定を採択したロンドン会議における審議経緯や，ニュルンベルク裁判における適用事例から明らかである．つまり，アメリカがロンドン会議に提出したニュルンベルク条例の草案は，「上官又は政府の命令に従ったという事実は，それだけでは(筆者注：具体的状況を抜きにしては)免責の抗弁にはならない．しかし，裁判所が適当と認めるときは，免責の抗弁として認めることができ，又は情状として考慮される」というものであった．つまり，具体的状況により，上官の違法な命令に従うのもやむを得なかったと裁判所が判断すれば，部下は刑事責任を免れることができる，という内容だったのである．

この草案に対して，ソ連は，「ニュルンベルク条例は，ドイツの戦犯の中でも大物を裁くためのものであるから，彼らに，上官の命令に従った旨の抗弁を認めるべきでない」と反対した．審議の結果，この反対が容れられ，ニュルンベルク条例は，大物戦犯を裁くという特殊事情を考慮して，上述のとおりの内容，つまり，文言上は，どのような場合でも，上官命令の抗弁は刑事免責の理由としては認められない旨の規定になったのである．

ニュルンベルク条例の規定は，手を加えられることなく東京条例にも引き継がれ，さらに，大物戦犯を裁くという特殊事情があったことに留意しないで，

中〜小物のドイツ戦犯を裁くために作られた管理理事会法律10号にも引き写された．

しかし，実際に裁判で解釈・適用された内容を見ると，絶対的責任規定(absolute liability)とは解されておらず，具体的状況を背景として，上官命令の抗弁を条件付きで認めている．

例えば，上官の違法な命令(敵軍に捕虜の資格を認めず，即決処刑を命じた，Commissar Order及びCommando Order，占領地域の民間人について，即決処刑を命じた，Barbarossa Jurisdiction Order及びNight and Fog Decreeなど)が自分の部下に伝達されるがままにして何もしなかった(＝伝達のチャンネルとなった)中間管理者14名の責任が問われたHigh Command事件(United States of America v. Wilhelm von Leeb et al.)では，裁判所は，「軍隊のメンバーは，上官の適法な命令に縛られるだけであって，国際人道法に違反する上官の命令に従ったときには，刑事責任を免れない」という一般論を展開した上，「部下が上官の命令が違法であることを知らず，かつ，違法だと知っていることが合理的に期待できないとき(＝違法だと知るべきだったとは言えないとき)には，故意は認められない」と述べて，被告人2人を無罪にしている．

そして，その他の被告人については，黙って部下による上官命令の執行に立ち会う以外の道徳的選択(moral choice)が可能だった，つまり，口頭で上官命令を執行しないよう部下に要求することは可能であり，そのような措置をとらなかった場合には，刑事責任を免れないとし，具体的な状況により，上官命令の抗弁を情状として大幅に考慮している．

この道徳的選択(moral choice)についてさらに敷衍すると，①上官命令を無効にすることは被告人の権限外でできないとし，②辞職することも考えられなくはないが，それに対する非常に厳しい処分が確実である以上，そのような選択は求められないとしている．そして，証人の証言によれば，中間管理職の地位にある被告人らが，具体的状況に応じ，適法性と人道的見地から，上官命令を変更した事例は過去にあり，本件の上官命令についても，③違法な命令を執行しないよう部下に口頭で求めることは，それによって，部下が違法な命令の執行をとりやめる効果はあまり期待できないものの，可能であるとしているのである．

ちなみに，第二次世界大戦中，ヒットラーの命令「ユダヤ人問題の最終解決」(＝ユダヤ人をヨーロッパから根絶やしにすること)を忠実に実行したアイヒマンは，ニュルンベルク裁判や各地の軍事法廷が終息した後の1960年，ブエノスアイレスに生息している事実を探知され，イスラエル特別法廷で裁判を受けたが，その際，「自分はナチスという巨大組織の一員にすぎない．自分は，すべて上官の指示に従ってその命令を忠実に実行しただけである．したがって，処罰されるべき者は自分ではなく，命令を下した上官である．自分に罪を着せるのは不当だ」と主張した．しかし，明らかに違法な上官命令を執行した部下であるアイヒマンの刑事免責の主張は排斥され，ナチス協力者処罰法(ジェノサイドの罪に当たるイスラエル国内法)を適用されて，死刑になった．

ところで，その後，国際法の一般原則を確立したニュルンベルク原則は，ニュルンベルク条例や東京条例の文言に，「当時の具体的状況下で，正義に従った行動を選択できたときには(provided a moral choice was in fact possible to him)」という条件をつけて，「政府又は上官の命令に従ったという事実は，国際法の下での刑事責任を免れさせない」としている．これは，ニュルンベルク条例と文言上は違うが，上記のとおり，実際にニュルンベルク裁判で解釈・適用されたものと同じと言ってよい．

(4) 他の抗弁との関係

上官命令の抗弁は，その他の抗弁(責任阻却事由)を排除するものではない．例えば，「ジェノサイドを行わなければ殺すぞ」と脅かされたような場合は，命令は明らかに違法なため，上官命令に従ったこと自体は，抗弁にならないが，強迫による行為という抗弁は，認められる可能性がある．なお，ICTYの判例によれば，「クビにするぞ」と言って脅かされた程度では，ジェノサイドの罪のみならず，あらゆる戦争犯罪に対して，脅迫ないし強制の抗弁として認められない．その程度の圧力については，これにめげず，抵抗することが求められているのである．

上官のジェノサイドの執行命令に従わざるを得なかった部下は，脅迫ないし強制による犯行として免責されるだろうか．その点が争われた事例に，エルデモヴィッチ事件がある．

第4節 上官命令の抗弁

❖**犯罪が犯された具体的状況**

　スレブレニツァのモスリム人大虐殺事件が起こった際，エルデモヴィッチは上官の命令により，スレブレニツァから連行されてきた17歳から60歳までのモスリム人男子を農場で一列に並ばせ，他の兵士とともに，背後から5時間にわたって銃撃し，合計約1200人を殺害した．エルデモヴィッチ自身も70人から100人を殺害した．

　エルデモヴィッチは，モスリム人の殺害を命じられた際，「自分は参加したくない．上官，あなたは正常ですか」と抗議の声をあげたが，上官に「嫌なら，お前も銃をこちらに渡して，向こうに並べ」と言われた．当時は，命令に従わない部下を上官が即決処刑してよいという状況で，エルデモヴィッチは森に逃げることも考えたが，逃げきれず殺される可能性もあり，仮に逃げおおせても，妻子の身に何が起こるか分からず，また，他の兵士が命令に従うことは間違いないので，仕方なく命令に従った．なお，エルデモヴィッチは，クロアチア人であるにもかかわらず，セルビア人が大多数のスルプスカ共和国の住人になったので，妻子を養うために，やむを得ず，VRS（セルビア軍）に加わった事情があった．

❖**脅迫ないし強制の抗弁は認められるか**

　本件は，ICTY初期の判例で，この点が控訴審の争点になり，認められないとするコモンロー系の国出身の判事2名と，認められるとする大陸法系の国出身の判事2名の意見が対立して，結局，中国人判事が決定権をにぎることになり，彼がコモンロー系の国出身の判事の意見に賛成したため，それが多数意見となった経緯がある．

　多数意見は，エルデモヴィッチは，上官の命令に従わなければ，殺害される現実の可能性に直面していたという事実認定に立って，以下のような理由で，結論として，そのような免責の抗弁は認められないとしている．

　コモンローの国では，従前の事例では，殺人について，脅迫ないし強制を完全な免責理由としていない．それは，脅迫ないし強制を，完全な免責の抗弁として認めることによる社会的危険を避けるべきだという考え方が背景にある．

　戦争犯罪の場合は，殺人などの一般犯罪よりも，より一層，国際法の規範性

を重視すべきで，脅迫ないし強制を完全な免責の抗弁として認めることによる社会的危険を避けるべきである．また，エルデモヴィッチは一兵卒であるが，兵隊である以上，一般人とは異なり，死ぬことを覚悟しているはずであって，殺害される現実の可能性に直面していたという事実を過大視してはならない．ランクの高い兵士であれば，死ぬ覚悟は一兵卒よりもっとできているはずだから，免責の抗弁は，そもそも成り立たない．

したがって，ジェノサイドの罪が問題になる本件については，脅迫ないし強制による犯行として免責されることはなく，刑の減軽の情状として考慮されるにすぎない．免責の抗弁として認めないことで，被告人が過大な刑罰を受けることになり，被告人に対する正義が実現できないときは，量刑で刑期をゼロにすれば足りる．

少数意見も，エルデモヴィッチは，上官の命令に従わなければ，殺害される現実の可能性に直面していたという事実認定に立って，以下のような理由で，結論として，そのような免責の抗弁は認められる場合があるとしている．

大陸法では，無辜の民間人を殺害するような重大事件については，脅迫ないし強制による犯行である旨の抗弁は，軽々には認められないものの，非常に厳しい条件を満たすときは，完全な免責の抗弁として認めている．多数意見は，コモンローの国では，脅迫ないし強制を完全な免責理由として認めた事例はないと言うが，従前の事例は，自分が犯行を行わなければ，被害者が救える場合しか扱っておらず，正義の観点から，犯行を行うくらいなら，犯人自らが死ぬことを選ぶべきであったと考えられる場合だけである．本件のように，自分が犯行を行わなくても，他の者が行ったことが確実で，いずれにしてもジェノサイドの罪は完遂された事案については，従前に扱った事例がない．

結局，控訴審判決では，脅迫ないし強制による免責の抗弁は認められなかったが，刑期は一審の拘禁刑10年から5年に減軽された．

（5）上官命令の抗弁の今日的意義

上官命令の抗弁は，軍隊の規律を重視する第一次世界大戦当時は，独自の抗弁として意味を持った．第二次世界大戦以降は，前述のとおり，普遍的正義に重点が置かれるようになり，違法な上官命令に従って犯罪を犯した部下は，上

官命令を違法だと知らないことに合理性があるときだけ，免責されると解されるようになった．

したがって，上官命令は，①故意，②錯誤，③責任阻却事由などを考慮する中で問題を解決でき，特段の規定を設ける必要はないという見解もある．このように，組織の上から命令されたからと言って，一般社会とは異なる免責の抗弁が成り立つのではなく，組織内の事情は，事件ごとの具体的事情として考慮されるにすぎなくなったのである．

ところで，大仏次郎は，『敗戦日記』の中で戦時中の人々に触れ，「自分に与えられし任務にのみ目がくらみいるように指導され……」「国そのものの向きがどうなっているかという肝心なことは見ず，それぞれに与えられた狭い世界に閉じこもった」と述べているが，普遍的論理（良心）を殺して組織の論理に流されるという思考・行動パターンは，現代においても，会社や組織の中に生きているように思われる．

それは，企業ぐるみ犯罪，つまり，上司と部下が運命共同体としての企業の論理に従い，法律に違反して社会一般に被害を及ぼす行為に広く認められ，「戦時中の亡霊は，組織や会社の中に生きている」と言っても，過言ではない．

上官命令が，時代が下るとともに組織偏重から普遍的正義に発展してきたという事実に思いを致すことは，組織に埋没した人間の欠陥行動を見直すきっかけを提供してくれるように思われる．

第5章　付論：NATO爆撃は人道的介入か

第1節　人道的介入とは何か

コソヴォ紛争時，人道的介入と称して，セルビアに対するNATO爆撃が行われた．

人道的介入とは，①人道に反する罪などが大規模に行われて住民が犠牲になっているとき，②介入を受ける国の同意やSC決議に基づかないで，③他国やNATOなどの軍事同盟が，④攻撃を防止し犠牲者を救済する目的で，⑤武力介入することである．ただ，人道的介入の定まった定義は存在しないので，これは，一応の定義にすぎない．

果たして，NATO爆撃は人道的介入だったのだろうか．その結論を得るには，上述の一応の定義に照らして，NATO爆撃を検証しなければならない．NATO爆撃が，②③⑤を満たすことは明らかである．①についても，後述のとおり武力介入を正当化する域に達していたかの疑問はあるものの，アルバニア人の犠牲者が多数出ていたことは事実である．したがって，最大の問題は，④のNATO爆撃の目的は何だったかである．それには，「喧伝された目的は信用できるのか」と「隠れた真の目的はなかったのか」の両面から検討することが必要であろう．そして，NATO爆撃がどのように行われたか，つまり，攻撃を防止し犠牲者を救済する目的に沿うやり方で行われたのかを検討すれば，「喧伝された目的は信用できるのか」，「隠れた真の目的はなかったのか」も，自ずから明らかになるのではないだろうか．

第2節　ラチャック事件とは何か

（1）ラチャック事件の報道

NATO爆撃は，コソヴォのラチャック村で1999年1月15日に起きたラチャック事件をきっかけに始められた．クリントン政権は，セルビア治安部隊

(警察と軍の連合部隊)による無抵抗なアルバニア人民間人の虐殺と断定し，事件を非難する国際世論を背景に，「このような虐殺を国際社会が見過ごすわけにはいかない」としてNATO爆撃を開始した．

ところで，ここで問題なのは，何が歴史的真実か，つまり，事実としてセルビア治安部隊による虐殺が行われたのか，それともKLA(Kosovo Liberation Army＝コソヴォ解放軍．コソヴォの独立を目的にした過激派ゲリラ部隊．当初はコソヴォのほかアルバニア本国などアルバニア人居住地域をまとめて大アルバニアを作ることを目標にしていた．大アルバニアは1912年に掲げられたアルバニア人の目標である)による演出なのかではない．何が真実かは歴史の審判に待つほかなく，その責任がミロシェヴィッチにあるのかどうかは，ラチャック事件を裁判しているICTYの担当部が判断すべきことである．問題は，NATO爆撃に際して，ラチャック事件がどのように扱われたかであり，これを次に検討してみよう．

果たして，ラチャック事件とは何だったのかについては，国際的に信頼されているメディアを含め，対立するおびただしい情報が流れた．例えば，1999年1月28日付『ワシントン・ポスト』紙は，「セルビア人は虐殺を隠そうとしている」という見出しで，「45人のアルバニア人民間人を殺害したラチャック攻撃は，セルビア人の率いるベオグラード政府高官の命令で行われた．彼らは国際的非難が巻き起こると，今度は事件を隠蔽しようと躍起になっている．これらの事実は，西側政府による通信傍受によって明らかだ」と伝えている．

これに対して，1999年1月20日付フランスの大衆紙『フィガロ』，及び同月23日付BBC summaryは，AP電の情報として，「AP電の記者が現場の丘の底から事件を目撃した．同記者が目撃したところによれば，ラチャック村の周辺で，セルビア治安部隊がKLAゲリラ部隊を攻撃し，戦闘は激しかったが，KLA兵士約20人が前線を逃れた．事件の翌朝，同記者が現場を検証したところ，薬莢は，ほんの少ししか見つからなかった．KLAは夜のうちに，戦闘での敗北を政治的勝利に変えるため，血なまぐさい虐殺に仕立てあげたのだろう」と伝えている．

なお，ラチャック事件については，コソヴォ停戦監視団(Kosovo Verification Mission＝KVM)の中でも，見方に対立があった．アメリカの見方は，KVMの長をしていたウォーカーの見方をもとにしている．ウォーカーは，ミ

ロシェヴィッチ裁判の証人として証言し，上述の『フィガロ』紙の報道に触れ，「『フィガロ』に情報を漏らしたのは，KVM で自分に次ぐ立場にいたフランスのケラー大使ではないかと KVM 内では疑われている」と述べている．

(2) 背景と端緒

ラチャック事件の起こった当時の状況，及びラチャック事件の端緒を，ミロシェヴィッチ裁判の証人の証言から拾ってみると，次のとおりである．

ラチャック村は，KLA の戦略上の要衝で，KLA の基地があった．

ところで，コソヴォ紛争については，1998年秋，アメリカ大使ホルブルックの仲介で KLA とセルビア治安部隊の間に停戦協定が成立した．その直後，停戦監視のためにウォーカーを長とする KVM が入ってきた．

ウォーカーは，在エルサルバドル大使として左翼反乱軍を鎮め，エルサルバドル政府を支援した経歴がある CIA と密接な関係を有する人物で，当時の国務長官オルブライトの任命で，KVM の長になった．

停戦協定は，難民約10万人を元の住居に戻すなどの効果はあったが，違反は後を絶たなかった．KLA も，アルバニアで外人部隊から軍事訓練を受け，武器・弾薬をアルバニアから持ち込むなどして，戦闘準備を整えるなど，永続する休戦とは到底いえなかった．

しかし，ラチャック事件が起きた当時の状況は，民族浄化と呼べる域には達していなかった．当時の紛争の典型的パターンは，KLA が事件を起こして，これにセルビア治安部隊が報復する衝突であり，件数としては KLA が起こす事件がはるかに優り，被害規模ではセルビア治安部隊の過剰な報復が優っていた．ラチャック事件が起こる数日前の1999年1月11日には，セルビア人の警察官数人が，KLA に狙撃された上，死体が放置される事件や，セルビア治安部隊の兵士が誘拐される事件が起こっている．また，ラチャック事件の前日には，セルビア治安部隊と KLA の両者がぶつかって激しい戦闘があり，セルビア人警察官2人が殺害された．これに対して，セルビア治安部隊の報復が行われ，KLA に9人の死者及びそれとほぼ同数の負傷者を出している．

ところで，ウォーカーがラチャック事件の第一報を得たのは，ウォーカーのセルビア側カウンターパートとしてミロシェヴィッチが任命したランカー将軍

からで，第一報の内容は，「ラチャック村でKLAとセルビア治安部隊が衝突し，KLAの兵士15人が死亡した」というものであった．一方，KLAは，その日の夜，ウォーカーにKLAの知る情報を知らせに行っており，戦闘のあった現場に戻ってKLA兵士の死体を引き揚げている．

なお，一般の穏健なアルバニア人市民は，KLAの過激路線を嫌い，KLAが入ってくると危険が増すので，かまわないでほしいという気持ちをもっていた．ウォーカーも，コソヴォ市議会副議長ボヤニッチがテロリストに殺られるなど，KLAが穏健派や密告者のアルバニア人を殺害していることを知っていた．

（3）ラチャック事件はどのように取り扱われたか

ラチャック事件については，現場検証や死体の解剖など事実究明のための通常の手続きが済む前に，KVMの長であったウォーカーによって虐殺だという決めつけが行われ，その国際的喧伝がなされて，NATO爆撃のきっかけに利用された．その経緯をミロシェヴィッチ事件の証人の証言などから拾ってみると，以下のとおりである．

事件の翌日，ウォーカーは報道陣を伴って現場の見分に出かけ，その現場から，現場検証など真偽を見分ける通常の手続きを経ないうちに，NATOの本部やアメリカ大使ホルブルックに電話し，セルビア治安部隊によるアルバニア人民間人の虐殺があったことを伝えた．とくに，当時，NATO司令官で，アメリカ大統領の民主党の予備選に出馬したクラークは，ミロシェヴィッチ事件の証人として証言し，ウォーカーから「虐殺があった．私は今，その現場に立っている．私は被害者の死体を目にしている」と聞いたとしている．

ウォーカーはOSCE（Organization for Security and Cooperation in Europe＝全欧安保協力機構）メンバー各国にも，部下に指示して，いち早く虐殺のあったことを知らせた．

ウォーカーの予想したとおり，事件は世界各国に大反響を呼び起こし，セルビア治安部隊の非道をストップさせるべきだという国際世論が巻き起こった．

ところで，いわゆる公式ルートでは，EUが，ランタを長とするフィンランド・チームを派遣して，現場検証とともに死体の解剖に当たらせ，ラチャック

事件の解明に努力した．しかし，ランタが現場を検証したのは，事件から10カ月後の1999年11月であり，死体解剖が行われたのは事件から6日後であった．被害者が，果たして非武装の民間人かを調べるため，爆薬を所持していたか否かの検査も行われたが，事件から3～6時間以内に検査しなければ有効な結果を得られない．ランタは，ミロシェヴィッチ事件を審理したICTYの法廷で，ラチャック事件が，果たして民間人虐殺なのかについて質問され，「はっきり言えることは，きわめて限られており，非武装の民間人が殺されたのかどうかは，当時の周辺状況を考慮しないと何とも言えず，結局は，政治的判断だ」と証言している．

そこで，ラチャック事件の真相を見極めることなく，事件直後にセルビア治安部隊による虐殺事件と決めつけて，国際的に喧伝し，NATO爆撃を始めたのは，一体なぜなのかが疑問として浮かんでくる．次にこれを検討してみよう．

第3節　隠れた真の目的はなかったのか

（1）　西側のミロシェヴィッチに対する見方

クロアチア紛争当時，アメリカをはじめとする西側諸国は，ドイツを除き，クロアチアの独立に強く反対していた．そのため，ミロシェヴィッチがクロアチア紛争に介入して独立を阻止するのに行き過ぎがあっても，独立阻止はユーゴ崩壊の危機を免れるためには必要だと考え，問題にする気はなかった．ミロシェヴィッチは，ボスニアの強制収容所が新聞にスッパ抜かれて，戦犯の裁判が初めて議論されたロンドン会議でも，ICTY(旧ユーゴ国際刑事裁判所)の設立にきわめて積極的・協力的であり，自分を平和の建設者と自任していたが，多くの西側諸国のリーダーたちも，変わり身の早いミロシェヴィッチが，クロアチア紛争の収拾策が話し合われた際，強硬派を抑えてヴァンス案を受諾したことや，ボスニア紛争でもヴァンス＝オーエン案の受諾に積極的だったこと，最終的にボスニア紛争を終わらせたデイトン合意に協力したことに惑わされ，かつ英語が話せることなど表面的な判断を先行させて，ミロシェヴィッチをゴルバチョフのような人物と誤解していた．このような見方が変化するのは，デイトン合意以後である．

西側の見方が変化するきっかけの一つは，ミロシェヴィッチが，民主化に積極的なスルプスカ共和国のプラフシッチ大統領と対立して，その政策に横槍を入れ，デイトン合意実施の阻害要因であることがはっきりしてきたことであり，もう一つは，ミロシェヴィッチが，セルビア民族主義を煽ってコソヴォ紛争をエスカレートさせたことである．

　デイトン合意以後，スルプスカ共和国のプラフシッチ(1930年生まれの生物学者で，サライェヴォ大学の学部長だったが，ボスニアで複数政党による選挙が行われた1990年，セルビア人の民族主義政党 SDS=Serbian Democratic Party から推されて政治家になった．ボスニア紛争中にセルビア民族主義を煽ったため，戦犯として ICTY で裁判を受け，拘禁刑11年を宣告され，現在，スウェーデンの刑務所で服役中)は，大統領を務めた約2年間，穏健路線に転向し，西側諸国と協力して，社会インフラを整備し，失業者が50%を超える経済をなんとか軌道に乗せ，民族の融和を推進し，汚職の一掃に努めるなど多大の成果を上げた．

　しかし，ミロシェヴィッチは，過激路線をとるカラジッチを応援し，デイトン合意を実施するプラフシッチの政策にことごとく反対した．

　例えば，異なる民族の子供を一緒に教育することは，将来の民族協調の要である．また，ボスニアでは輸出入を不正に行って蓄財するのが一般的な汚職のパターンだったことから，税関を民族共同で管理することは，是非とも必要な改革である．

　しかし，ミロシェヴィッチは，プラフシッチのこのような政策を，西側の要求に軟弱だとして槍玉に挙げ，反対した．

　他方，ミロシェヴィッチの権力は，1996年11月のベオグラード市長選で反対政党に敗れたのを皮切りに，翳りが見え始めた．セルビア人の心は醒めていた．彼らは，ミロシェヴィッチの鼓舞する大セルビア主義が，単に彼の権力欲と金銭欲から出ていることを見抜いており，何よりも経済的困窮に疲れていた．ミロシェヴィッチが，ベオグラード市長選は不正だとして憲法裁判所の逆転判決をものにし，自分の息のかかった市長を居座り続けさせると，反対デモはベオグラードにあふれ，参加者は8万人にまでふくれあがった．

　このような事態に直面して，ミロシェヴィッチは，コソヴォに一撃を加えれば，アルバニア人はひとたまりもなく降参し，セルビア人の民族感情は高揚し

第3節 隠れた真の目的はなかったのか

て次期大統領選での勝利を不動のものにできると読んだ．それは，1989年に「コソヴォの戦い600年記念集会」を開いて，反対派を追い落とし，権力を糾合できたのと同じ，ミロシェヴィッチ特有のやり方であった．果たして，ミロシェヴィッチが権力の座に留まることができたかと言えば，結局，賭けは失敗したのであるが，コソヴォ紛争が始まると，当面，セルビア人の民族感情は高揚し，コソヴォのアルバニア人に対する攻撃はエスカレートしていった．

このような事態を前にして，オルブライトは，1998年春には，「セルビアがボスニアで，もはや，やりおおせなくなったことをコソヴォでやるのを黙って見過ごすわけにはいかない」と言うようになった．そして，1998年中には，アメリカの反ミロシェヴィッチの姿勢が，はっきり表明されるようになった．例えば，オルブライトは，モンテネグロ大統領デュカノヴィッチに会って，彼が卓越した民主的指導者であることに感動したと述べた後，ミロシェヴィッチに触れて，「セルビア人の民主主義に対する希望を支援しなければならない．ミロシェヴィッチが問題を解決してくれるという幻想を捨てなければならない．多くの問題はミロシェヴィッチから生じている」などと述べているほか，国務省スポークスマンも「ミロシェヴィッチが旧ユーゴ危機の元凶である．民主主義は選挙が行われれば足りるのではない．反対派政治家の投獄を止め，メディアの独立を保障することが大事で，アメリカはそれを支援する．ミロシェヴィッチを支援するつもりはない」などと述べている．そして，議会上院も，「ミロシェヴィッチを戦犯としてICTYで裁くこと」という勧告的決議を採択している．

しかし，オルブライトは，直ちに力に訴えることはせず，外交努力でコソヴォ紛争を解決することを試みた．ランブイエ和平会議がそれである．しかし，ミロシェヴィッチは1999年3月18日にランブイエ和平案を拒否した．

そこで，オルブライトは，空爆でミロシェヴィッチに脅しをかければ，一発で引き下がると読み，ラチャック事件の連絡を受けて，「これでコソヴォに介入できる」と喜び，「ヨーロッパの同盟国を引き込むために，ラチャック事件の関係でテンションを上げておく必要がある」と述べたという．

当時，ウォーカーの下で働いていたカナダ軍のKVMの士官も「いろいろな情報から判断すると，オルブライトは戦争を望んでいた」と証言している．

こうして，ミロシェヴィッチにコソヴォ攻撃を思い止まらせ，和平案を呑ませるために，NATO爆撃(Operation Roots)が開始されたのである．

(2) NATO爆撃はどのように行われたか

NATOの爆撃(Operation Roots)は，ランブイエ和平交渉が決裂した直後の1999年3月24日に開始された．NATOによる爆撃の手法は，第1章第4節で前述したとおりである．

NATO爆撃の結果，約500人の民間人が死亡し，中国大使館をはじめ，旅客車や放送局など多くの民間施設が破壊された．何よりも大きな結果は，コソヴォ紛争の犠牲者を救済するどころか，反対に，膨大な難民を出したことである．ドイツ社会民主党(Party of Democratic Socialism in Germany)は，1999年4月8日にNATO爆撃のレポートを発表し，「NATOの爆撃は，セルビアを攻撃して多数の難民を出すことを目標に，飲料水の給水所などが攻撃された．セルビアの悪さを宣伝するために，マケドニアやアルバニアの難民キャンプでは，家を追われて逃げるアルバニア人の悲惨な状況を撮った写真があれば20万ドルで買うと宣伝された」などと伝えている．

果たして，NATO爆撃が，難民を多数出すことを目的に行われたか否かは，NATO内部の証言が得られない以上，断定できない．しかし，NATO爆撃によって難民が劇的に増えたことは事実である．KVM隊員も「KVMのいる間は，難民は発生しなかった．NATOの爆撃で殺されるのを恐れて多数が避難し，これが最初の難民の発生である」と証言している．

難民の数は，立場の違いで算定が著しく異なるが，国連難民高等弁務官事務所(UNHCR)の統計によれば，NATO爆撃が始まる前の1998年には，住居を追われた者の合計は25万7000人(停戦合意で元の住居に戻った10万人を差し引いた数)で，そのうち，アルバニア人は18万人で，残りのほとんどはセルビア人である．これに対し，NATO爆撃後には86万3000人が難民となり，そのほとんどはセルビア周辺のマケドニアなどに逃れ，8万人が40カ国に受け入れられた．

しかし，アルバニア人の証人が「たとえ自分の子供が犠牲になっても，セルビア人を攻撃するNATO爆撃を喜んだ」と証言するように，アルバニア人は，

NATO爆撃を，難民になろうと子供が犠牲になろうと，憎むべき敵に被害をもたらすものとして歓迎したのである．

　　なお，国家の賠償責任を生じさせる意味での侵略戦争についての係争事件は，国際司法裁判所(ICJ)が管轄権を有する．新ユーゴ(セルビアとモンテネグロ)は，1999年4月29日，アメリカ・イギリス・フランスなどを相手取って，他国に対する武力行使禁止義務に違反したなどとして，その旨の確認宣言と損害賠償を求め，NATO爆撃の責任を追及していたが，ICJは，2004年12月15日，管轄権なしとして訴えを棄却した．

(3) 目的は達せられたか

NATO爆撃は，78日間にわたって行われ，1999年6月9日に終わった．アメリカはNATO爆撃でミロシェヴィッチを叩くことを狙ったが，力でセルビアを屈服させるやり方はかえってセルビア人を反発させた．セルビア急進党の党首兼副首相で，民族浄化の実行部隊であった民兵の首領シェシェイは，「NATOが爆撃すれば，1人のアルバニア人も残しておかない」と豪語していたが，その言葉のように，NATO爆撃が始まると，戦いはエスカレートしていった．

NATOの空爆に幕が引かれたのは，経済的打撃が大きく，セルビアの一般市民が，ミロシェヴィッチにも戦争にも飽き飽きしていたことのほか，国内でミロシェヴィッチの指導力が弱まっていたことが大きく，何よりも，ロシアのエリツィン大統領がセルビアを後押ししないことを決めたことが大きい．

そして，NATO爆撃の停戦合意の内容は，セルビア治安部隊の撤退とコソヴォの警察・裁判権の回復を認めているものの，コソヴォはセルビア内に留まるものとされている．それには，3年後の住民投票でコソヴォの将来を決めるという一項がなく，ランブイエ和平案よりはセルビアに一歩譲歩したものでしかなかった．

そこで，ミロシェヴィッチは，これをテコに大統領任期が終わる1年前の2000年9月に，選挙に打って出た．ミロシェヴィッチは落選したが，それはNATO爆撃のためではなく，人気が地に落ちていたからである．

また，NATO爆撃は，セルビア軍にほとんど打撃を加えられなかった．そ

もそも旧ユーゴ軍は，地下空港をはじめ，地下兵舎，地下補給路，おとりの使用，軍隊の分散，大砲や戦車を隠す技術など，仮想敵国のソ連に対抗するための装備と訓練を重ねてきた，ヨーロッパでも指折りの軍隊である．結局，4万7000のセルビア軍はほとんど無傷でそのまま引き揚げていった．

反対に，NATO爆撃の何よりも大きな結果は，前述のように多くの難民を出したこと，セルビア治安部隊の撤退したところにKLAが勢力を伸ばし，アルバニア人とセルビア人の反目は一層強くなったこと，未だに16万人のセルビア難民が帰還できないままであることである．

ところで，アメリカの国務省内では，NATO爆撃は，オルブライトの戦争(Albright's War)と呼ばれていた．ユダヤ系チェコ人としてヒットラーに祖国を追われた体験を有するオルブライトは，ミロシェヴィッチをヒットラーに擬して，彼を追い出すことに個人的な執念を燃やしていたからである．

このような意見を代表するのが，国際関係及び武力協力委員会(International Relations and Armed Services Committees)のメンバーであるマッキンネイ議員で，「初めは，コソヴォだけだと言っていたのに，セルビア全体に戦線を広げた．初めは，ミロシェヴィッチにランブイエ和平案を呑ませるためだと言っていたのに，ミロシェヴィッチを追い落とすためになった．初めは，コソヴォの自治を守るためと言っていたのに，独立を支援するためになった．ミロシェヴィッチの暴力はストップさせなければならないが，力ではなく外交によるべきで，バルカンをヨーロッパの火薬庫にしてはならない」(2000年12月)と言って，オルブライトの政策の一貫性の欠如を批判している．

ただし，アメリカ議会上院に対するコーエン及びシェルトンのコソヴォについての共同声明(Joint Statement of William S. Cohen Secretary of Defense and General Henry H. Shelton Chairman of the Joint Chiefs of Staff Senate Armed Services Committee Hearing on Kosovo After Action Review, October 14, 1999)は，NATO爆撃を肯定し，爆撃の目的は，①NATOが真剣にセルビアによる侵略行為に反対しており，②ミロシェヴィッチに攻撃の続行を思い止まらせ，③物理的にも戦争の続行を困難にすることだとしている．

KVM(コソヴォ停戦監視団)の長であったウォーカーは，アメリカのアルバ

ニア人評議会(the National Albanian American Council)のメンバーであり，「オルブライトは，コソヴォにNATOの入口を作った功績があり，……ミロシェヴィッチの手からコソヴォを救った偉大な功績がある」(2002年6月10日)と述べている．

このようなオルブライトのやり方は，つい最近までアメリカのバルカン政策に尾を引いていた．コソヴォの国際機関で働いていた者の証言によれば，州都プリシュティナに置かれたアメリカのコソヴォ事務所長は，2001年7月4日のアメリカ独立記念日に，国際機関の代表やコソヴォ市民を集め，「現在のコソヴォの状況は，アメリカの13州がイギリスから独立を宣言した当時の状況と同じだ．アメリカも独立宣言から憲法を制定して完全に独立するまで，約10年の困難な歴史を歩んできた」などと，あたかもコソヴォの独立を支援するような演説をしている．しかし，最近になって，そのような発言は聞かれなくなった．アメリカも，国境を書き換えるのが，いかに危険かを了解したのだと思われる．

第4節　ラチャック事件の主要な証人の証言要旨

◇ウィリアム・ウォーカーの証言

自分は，1998年10月22日にコソヴォに正式着任し，1999年3月にセルビアから persona non grata（好ましからざる人物）と申し渡されてコソヴォを去り，マケドニアに入った．コソヴォを去る際，KVMが持っていた装備はすべて置いていった（筆者注：携帯電話などがKLAに残され，NATO爆撃の目標地点の連絡などに使われたと疑われている）．

自分は，KVMの長として，アルバニア人過激派KLAとセルビア治安部隊の双方に対し，1998年10月16日に成立した停戦協定に反する行為を止めるよう説得と監視に当たっていた．自分はコソヴォ着任前にベオグラードのミロシェヴィッチに挨拶に行ったが，ミロシェヴィッチも，東スラヴォニア作戦で自分が親交を深めたランカー将軍をカウンターパートに当ててくれた．

ラチャック事件の一報が入ったのは，このランカー将軍からで，1999年1月15日午後，モンテネグロからKVM事務所に帰ってからだった．その一報は，「ラチャック村でKLAとセルビア治安部隊が衝突し，KLAの兵士15人

が死亡した」というものであった．

　その日は寒い雪の日であり，自分は現場に出かけたものの，日が暮れかかり，谷川に2, 3人の遺体を確認したが，村人からもそれ以上の新たな情報はなかったため，早々に現場を引き揚げた．

　翌日，ランカー将軍側は現場に行くつもりはないというので，自分は，報道陣を伴ってもう一度本格的な見分に出かけた．すると，前日見分したところからだいぶ離れた急峻な谷の溝に45人の遺体を発見した．彼らは，すべて民間人の衣服を着ており，女性1人，子供1人のほかに老人もいて，KLAの兵士とは考えられなかった．KLAとセルビア治安部隊がラチャック村付近で衝突したことは知っていたが，セルビア治安部隊が去った後，ラチャック村がKLAに制圧されたという情報は得ていない．その他，自分は，セルビア治安部隊よりもKLAの方が，頻繁に停戦協定に違反する事件を起こしている事実，KLAは自治から独立への彼らの路線を支持しないという理由で，同胞のアルバニア人穏健派一般市民を捕らえ，地下牢獄に閉じ込めている事実を，一般的情報として承知していた．ただ，事件の規模を比べると，セルビア治安部隊の方が大きな事件を犯していたと思う．

　ラチャック村からKVM事務所に帰ってプレスと会見した．その際，自分は，「無抵抗の民間人45人がセルビア治安部隊に虐殺されたのを発見した」と述べた．プレスと会見する前に，自分が，OSCEの本部，NATOの本部，アメリカ大使ホルブルックに電話したかは，覚えていない．しかし，彼らは信頼できる人間なので，「ラチャック村の現場から虐殺の電話を受けた」と彼らが言っているなら，そのとおりだと思う．

　(筆者注：この点については，OSCEの本部，NATOの本部，アメリカ大使ホルブルックらが，インタヴューされて「ラチャック村の現場から虐殺の電話を受けた」と語っているビデオが残されている．とくにNATO軍司令官を務めていたクラーク大将は，「虐殺があった．私は今，その現場に立っている．私は被害者の死体を目にしている」をウィリアム・ウォーカーの言葉として引用している．また，アメリカ大使ホルブルックは，「ウィリアム・ウォーカーは，ラチャックから携帯電話で私に電話してきた」と述べている)

❖ヘレナ・ランタの証言

　ラチャック事件については，セルビア，白ロシア(ベラルーシ)，フィンラン

ドの3チームが協力して現場の詳しい検証と死体の司法解剖に当たった．

　自分をリーダーとするフィンランドのチームは，EUから派遣された．現場検証のため，自分が，死体が発見された場所から土砂を採取したのは，事件から10カ月後の1999年11月であり，死体を検視したのは，事件から6日後であった．しかも，45遺体あったが，解剖に付されたのは，どういうわけか女性1人，子供1人，老人数人を含む40遺体であり，そのうち16遺体については，フィンランド・チームの前にセルビア・チームが，爆薬が発見されるかどうかのパラフィン検査をすでに行っていた．

　現場検証の結果判明した点は，以下のとおりである．

① 現場の土砂から被害者の歯と一致する歯のかけらが見つかり，銃痕の入口と出口と着衣の傷とが一致していた．したがって，よその場所で殺された死体を運んで偽装工作が行われた可能性はほぼ否定でき，その場所で殺されたらしいということ，及び，着衣を着替えさせてはいないことが分かった．

　しかし，被害者を貫通したと見られる銃弾は発見されたものの，銃弾に付着していた肉片のDNA鑑定は失敗に終わり，すべての被害者が，発見された現場で殺されたことが物証によって裏付けられたわけではない．曲がった死体は，拷問の跡か，ロープで死体を運んだためか，被害者の確認のために死体をひっくり返したためかも，確たることは分からない．

② 被害者もKLAの兵士なのではないか，戦闘によって死亡したのではないかという疑問については，セルビア・チームが手のパラフィン検査をして硝煙反応(nitrates＝ニトロアミン)を得ており，40人中37人にプラス反応を認めている．しかし，パラフィン検査は，どのような酸化物にも反応し，間違いが多く，1968年のINTERPOL(国際刑事警察機構)で検査方法からはずされた歴史的遺物である上，パラフィン検査は事件から3〜6時間以内になされなければ意味がないのに，検査は2日後になされたものであるため，信頼性に欠ける．

　自分が長を務めるフィンランド・チームは，着衣と骨を検査して，被害者が爆薬を握っていたかの検査をしたが，こちらの結果はすべてマイナスだった．しかし，この検査結果も，6日後になされているため，信頼性に乏しい．つまり，被害者が戦闘行為をしていたという証拠は得られなかったが，これから，爆薬を持っていなかったと結論づけることもできない．もう少し早く科学的に確立した検査をしていれば，プラスの結果が得られたかもしれない．

③ 被害者は民間人の服を着ていた．しかし，これで民間人と断定できるわけではない．なぜなら，KLAが制服に用いていた下着をつけている者もおり，数人の遺体は検証のときには裸足で，KLAの制服であったブーツを誰かが事前に脱がせたとも解釈できる．被害者のうち2人は16発以上の銃痕があり，6人は1発の銃痕しかなかったが，それは，戦闘による銃痕と理解した方がよさそうである．

総合的に言えることは，非武装の民間人が殺された可能性も否定できないと同時に，戦闘による被害者である可能性も否定できない．どのように事件を理解するかは，当時の周辺状況を背景になされなければならず，最終的には政治的判断によるしかない．

◈シュクリ・ブヤ(KLA指揮官)の証言

コソヴォのアルバニア人は，ミロシェヴィッチのコソヴォ弾圧のために，理由もなく投獄され，仕事を失い，街で嫌がらせを受けていた．自分は，当時，学生であったが，このような仕業に反対して立ち上がり，1989年に開かれたアルバニア人集会に参加した．デモに参加しただけで，セルビア治安部隊に捕まり，1994年まで獄につながれた．釈放されて後，スイスに逃れ，それからアルバニア本国に帰り，フランス外人部隊の傭兵やクロアチアで戦った将校などから軍事訓練を受け，1998年，32歳のとき，武器・弾薬を携えて，女性1人，後のランブイエ会議でアルバニア人代表を務めたハシム・タチを含む約30人の同志とともにアルバニア国境を越えてコソヴォに入り，KLAのラチャック地域の指揮官になった．指揮官になってからも，KLAの兵士を軍事訓練のためにアルバニアに送り，武器・弾薬をアルバニアから持ち込んだ．

KLAは，1993年に創設された．当時は，コソヴォのほか，セルビア，マケドニア，モンテネグロのアルバニア人居住地域もあわせてアルバニア本国と一緒にし，武装闘争によって大アルバニアを勝ち取ろうとしていたが，それは初期の目的にすぎず，後にはコソヴォの解放だけをめざした．

ラチャックは，KLAの本部と活動拠点をつなぎ，かつ兵站の補給路でもある戦略上の要衝で，KLAの基地があった．塹壕を造り，1998年の最初のラチャック村での戦闘で，多くのアルバニア人市民が立ち退いて空家になった民家を，兵士の食堂兼休養場所に使っていた．

1998年秋には停戦協定が成立し，停戦監視のためにウォーカーを長とする停

第4節 ラチャック事件の主要な証人の証言要旨

戦監視団が入ってきた．しかし，停戦協定違反は後を絶たなかった．KLAも休戦を利用して戦闘準備を整えた．1999年1月15日のラチャック事件の前日には両者がぶつかって激しい戦闘があり，セルビア人警察官2人が殺害された．このような事件があると報復が行われるのが常なので，ラチャック村の村人には立ち退きを勧める一方，KLAのラチャック部隊も，他の地域から80人の応援部隊を派遣してもらい，実働部隊47人とともに戦った．セルビア治安部隊との戦闘は，朝から午後3時ごろまで続き，KLAに9人の死者及びそれとほぼ同数の負傷者を出した．セルビア治安部隊は，迫撃砲や手榴弾や自動ライフル銃で攻撃し，KLAも，迫撃砲や手榴弾や自動ライフル銃で応戦した．KLAの基地とラチャック村とは近いが，急峻な山道を行かなければならない上，見渡せる関係にはないので，ラチャック村の村人が殺害されたのを知ったのは，翌日現場を見に行ったときである．KLAの兵士の中には，60歳を超える老人もいるが，殺された村人はすべて民間人である．

戦闘当日，セルビア治安部隊が午後4時ごろ引き揚げてから，死んだ兵士の死体を捜しに現場に出かけたが，引き揚げたのは兵士の死体だけで，暗く，寒かったため，それ以上現場にとどまるのは無理であった．戦闘当日の夜，KLAのFehmi Mujotaは，OSCEにKLAの知る情報を知らせに行っている．ラチャック事件の翌日，現場でウォーカーに会ったとき，彼が別の場所で話をしたいと言い出し，その日にウォーカーと会合をもった．村人の死体は検視が必要ということで，セルビアのトラックが死体を引き揚げようとしたが，KLAはこれに反対して迫撃砲で攻撃し，セルビア人兵士17人を殺害した．1月18日にも，ラチャックに近いRanceでセルビア治安部隊とぶつかり，セルビア人兵士20人を殺害した．

検視後，ラチャック事件の被害者の死体が返され，1999年2月にモスクで葬儀が行われたが，ウォーカーはこれにも参加してくれた．NATOの爆撃開始とともに，アルバニア人一般市民にKLAへの参加を呼びかけ，KLAの数は後方支援部隊も含めて1万4000人になり，戦闘は激化してアルバニア人負傷者も増えた．しかし，NATOの爆撃は，アルバニア人により良い生活をもたらしてくれるものとして歓迎した．自分は，理由もなく投獄され，仕事を失い，街で嫌がらせを受けることがなくなる将来に期待していた．KLAは国際社会（＝NATO）の介入の機動力になったわけで，積極的に建設的役割を担ったと思う．

資 料

（犯罪の構成要件及び責任についての条項のみを，
日本語として分かりやすく訳出するよう心がけた）

国際軍事裁判所条例（ニュルンベルク条例）

極東国際軍事裁判所条例（東京条例）

ニュルンベルク条例及びニュルンベルク裁判で認められた
　国際法の一般原則 1950 年（ニュルンベルク原則）

旧ユーゴ国際刑事裁判所（ICTY）設立規程

国際刑事裁判所（ICC）設立規程

the Charter of International Military Tribunal

JURISDICTION AND GENERAL PRINCIPLES
Article 6.
The Tribunal established by the Agreement referred to Article 1 hereof for the trial and punishment of the major war criminals of the European Axis countries shall have the power to try and punish persons who, acting in the interests of the European Axis countries, whether as individuals or as members of organizations, committed any of the following crimes.

The following acts, or any of them, are crimes coming within the jurisdiction of the Tribunal for which there shall be individual responsibility:

(a) **Crimes against Peace**: namely, planning, preparation, initiation or waging of a war of aggression, or a war in violation of international treaties, agreements or assurances, or participation in a common plan or conspiracy for the accomplishment of any of the foregoing;

(b) **War Crimes**: namely, violations of the laws or customs of war. Such violations shall include, but not be limited to, murder, ill-treatment or deportation to slave labor or for any other purpose of civilian population of or in occupied territory, murder or ill-treatment of prisoners of war or persons on the seas, killing of hostages, plunder of public or private property, wanton destruction of cities, towns or villages, or devastation not justified by military necessity;

国際軍事裁判所条例
（ニュルンベルク条例）

[全文：1条〜30条]

管轄及び一般原則

6条
ヨーロッパの枢軸国の主な戦犯を裁判するために，1条の合意(筆者注：ロンドン協定)によって設立された裁判所は，個人又は組織のメンバーとして，ヨーロッパの枢軸国の利益のために以下の犯罪を犯した者を裁判し刑罰を科する権限を有する．

裁判所の管轄する犯罪は，以下のとおりで，個人の刑事責任が問われる．

（a）**平和に対する罪**　平和に対する罪とは，すなわち，侵略戦争，又は国際条約，国際協定若しくは国際的保証に違反する戦争を計画し，準備し，開始し，又は遂行すること，及びそのような戦争を目的とする組織に参加し，又はそのような戦争の完遂のために共謀すること．

（b）**戦争犯罪**　戦争犯罪とは，すなわち，戦争の法規及び慣習についての違反である．これらの違反は，例えば，占領地域の民間人に対する，殺人，奴隷労働若しくはその他の目的で行われる非人道的取り扱い又は追放，捕虜若しくは海上にある人に対する殺人又は非人道的取り扱い，人質の殺害，公的若しくは私的財産の略奪，都市，町若しくは村の無差別的破壊，及び軍事的必要から正当化されない破壊である．

(c) **Crimes against Humanity**: namely, murder, extermination, enslavement, deportation, and other inhumane acts committed against any civilian population, before or during the war; or persecutions on political, racial or religious grounds in execution of or in connection with any crime within the jurisdiction of the Tribunal, whether or not in violation of the domestic law of the country where perpetrated.

Leaders, organizers, instigators and accomplices participating in the formulation or execution of a common plan or conspiracy to commit any of the foregoing crimes are responsible for all acts performed by any persons in execution of such plan.

Article 7.
The official position of defendants, whether as Heads of State or responsible officials in Government Departments, shall not be considered as freeing them from responsibility or mitigating punishment.

Article 8.
The fact that the Defendant acted pursuant to order of his Government or of a superior shall not free him from responsibility, but may be considered in mitigation of punishment if the Tribunal determines that justice so requires.

（c）**人道に反する罪**　人道に反する罪とは、すなわち、戦争前から戦争中にかけて犯された、民間人に対する、殺人、大量殺人、奴隷状態に置くこと、追放又はその他の非人道的行為、及び、犯罪地の国内法に違反するかどうかを問わず、裁判所が管轄する犯罪（筆者注：平和に対する罪及び戦争犯罪）を犯す際若しくは犯すのに関連して犯された、政治的、人種的又は宗教的な理由に基づく迫害である。

上記犯罪（筆者注：上記(a)(b)(c)のいずれかの犯罪）を犯すため、共同の目的の形成若しくは遂行に参加した指導者、組織を作った者、教唆者及び幇助者、又は上記犯罪を実行する共謀をした者は、実行犯が誰であっても、共同目的の遂行のために犯されたすべての犯罪について責任を負う。

7条
元首又は政府高官などの公的地位は、刑事責任を免れさせず、また責任を軽減しない。

8条
政府又は上官の命令に従ったという事実は、刑事責任を免れさせない。ただし、裁判所が適当と認めるときは、情状として考慮される。

the Charter of International Military Tribunal of Far East

JURISDICTION AND GENERAL PROVISIONS
Article 5. Jurisdiction over Persons and Offenses:
The Tribunal shall have the power to try and punish Far Eastern war criminals who as individuals or as members of organizations are charged with offenses which include Crimes against Peace.

The following acts, or any of them, are crimes coming within the jurisdiction of the Tribunal for which there shall be individual responsibility:

(a) **Crimes against Peace**: Namely, the planning, preparation, initiation or waging of a declared or undeclared war of aggression, or a war in violation of international law, treaties, agreements or assurances, or participation in a common plan or conspiracy for the accomplishment of any of the foregoing;
(b) **Conventional War Crimes**: Namely, violations of the laws or customs of war;
(c) **Crimes against Humanity**: Namely, murder, extermination, enslavement, deportation, and other inhumane acts committed against any civilian population, before or during the war, or persecutions on political or racial grounds in execution of or in connection with any crime within the jurisdiction of the Tribunal, whether or not in violation of the domestic law of the country where perpetrated.

極東国際軍事裁判所条例
（東京条例）

［全文：1条～17条］

管轄及び総則

5条　人及び事件についての管轄

裁判所は，個人又は組織の一員として，平和に対する罪を含む戦争犯罪で起訴された極東戦争犯罪人を，裁判にかけ刑罰を科する権限を有する．

以下の行為は，裁判所の管轄犯罪であり，個人の刑事責任が問われる．

（a）**平和に対する罪**　平和に対する罪とは，すなわち，宣戦布告の有無を問わず侵略戦争，又は国際条約，国際協定若しくは国際的保証に違反する戦争を計画し，準備し，開始し，又は遂行すること，及びそのような戦争を目的とする組織に参加し，そのような戦争の完遂のために共謀することである．

（b）**戦争犯罪**　戦争犯罪とは，すなわち，戦争の法規及び慣習の違反である．

（c）**人道に反する罪**　人道に反する罪とは，すなわち，戦争前から戦争中にかけて犯された，民間人に対する，殺人，大量殺人，奴隷状態に置くこと，追放又はその他の非人道的行為，及び，犯罪地の国内法に違反するかどうかを問わず，裁判所が管轄する犯罪を犯す際，若しくは犯すのに関連して犯された，政治的，人種的又は宗教的な理由に基づく迫害である．

Leaders, organizers, instigators and accomplices participating in the formulation or execution of a common plan or conspiracy to commit any of the foregoing crimes are responsible for all acts performed by any person in execution of such plan.

Article 6. Responsibility of Accused: Neither the official position, at any time, of an accused, nor the fact that an accused acted pursuant to order of his government or of a superior shall, of itself, be sufficient to free such accused from responsibility for any crime with which he is charged, but such circumstances may be considered in mitigation of punishment if the Tribunal determines that justice so requires.

上記犯罪(筆者注：上記(a)(b)(c)のいずれかの犯罪)を犯すため，共同の目的の形成若しくは遂行に参加した指導者，組織を作った者，教唆者及び幇助者，又は上記犯罪を実行する共謀をした者は，実行犯が誰であっても，共同目的の遂行のために犯されたすべての犯罪について責任を負う．

6条 被告人の責任
元首又は政府高官などの公的地位も，政府又は上官の命令に従ったという事実も，それだけでは，被告人の刑事責任を免れさせない．ただし，裁判所が適当と認めるときは，情状として考慮される．

Principles of International Law Recognized in the Charter of the Nuremberg Tribunal and in the Judgement of the Tribunal, 1950

Principle I: Any person who commits an act which constitutes a crime under international law is responsible therefor and liable to punishment.
Principle II: The fact that internal law does not impose a penalty for an act which constitutes a crime under international law does not relieve the person who committed the act from responsibility under international law.
Principle III: The fact that a person who committed an act which constitutes a crime under international law

ニュルンベルク条例及びニュルンベルク裁判で認められた国際法の一般原則1950年
(ニュルンベルク原則)

［全文：原則Ⅰ～Ⅶ］
原則Ⅰ 国際法の下で犯罪を構成する行為を犯した者は，刑事責任を負い，刑罰を科される．

原則Ⅱ 国内法が，国際法の下で犯罪を構成する行為に対して刑罰を科していないという事実は，当該行為をした者に対し，国際法の下での刑事責任を問うことを妨げない．

原則Ⅲ 国際法の下で犯罪を構成する行為を犯した者が，元首又は政府高官として行動したという事実は，国際法の下

acted as Head of State or responsible Government official does not relieve him from responsibility under international law.

Principle IV: The fact that a person acted pursuant to order of his Government or of a superior does not relieve him from responsibility under international law, provided a moral choice was in fact possible to him.

Principle V: Any person charged with a crime under international law has the right to a fair trial on the facts and law.

Principle VI: The crimes hereinafter set out are punishable as crimes under; international law:

a. Crimes against peace:
(i) Planning, preparation, initiation or waging of a war of aggression or a war in violation of international treaties, agreements or assurances;
(ii) Participation in a common plan or conspiracy for the accomplishment of any of the acts mentioned under (i).

b. War crimes:
Violations of the laws or customs of war which include, but are not limited to, murder, ill-treatment or deportation to slave-labor or for any other purpose of civilian population of or in occupied territory, murder or ill-treatment of prisoners of war, of persons on the seas, killing of hostages, plunder of public or private property, wanton destruction of cities, towns, or villages, or devastation not justified by military necessity.

c. Crimes against humanity:
Murder, extermination, enslavement, deportation and other inhuman acts done against any civilian population, or persecutions on political, racial or

での刑事責任を免れさせない．

原則IV　政府又は上官の命令に従ったという事実は，当時の具体的状況下で，正義に従った行動を選択できたときには，国際法の下での刑事責任を免れさせない．

原則V　国際法の下での犯罪について起訴された者は，事実及び法律について公正な裁判所の裁判を受ける権利を有する．

原則VI　以下に定める罪は，国際法の下で犯罪として処罰される．

a.　平和に対する罪
（i）侵略戦争，又は国際条約，国際協定若しくは国際的保証に違反する戦争を計画し，準備し，開始し又は遂行すること
（ii）（i）に掲げる行為を完遂するための共同計画に参加し又は共謀すること

b.　戦争犯罪
戦争犯罪とは，すなわち，戦争の法規及び慣習の違反である．これらの違反は，例えば，占領地域の民間人に対する，殺人，奴隷労働若しくはその他の目的で行われる非人道的取り扱い又は追放，捕虜若しくは海上にある人に対する殺人又は非人道的取り扱い，人質の殺害，公的若しくは私的財産の略奪，都市，町若しくは村の無差別的破壊，及び軍事的必要から正当化されない破壊である．

c.　人道に反する罪
人道に反する罪とは，すなわち，戦争前から戦争中にかけて犯された，民間人に対する，殺人，大量殺人，奴隷化，追放又はその他の非人道的行為，及び，政治

religious grounds, when such acts are done or such persecutions are carried on in execution of or in connection with any crime against peace or any war crime.

Principle VII: Complicity in the commission of a crime against peace, a war crime, or a crime against humanity as set forth in Principles VI is a crime under international law.

的，人種的又は宗教的な理由に基づく迫害である．ただし，これらの行為及び迫害が，平和に対する罪又は戦争犯罪を犯す際，又は犯すのに関連して犯された場合に限る．

原則VII　原則VIに規定された平和に対する罪，戦争犯罪，又は人道に反する罪の共犯は，国際法の下での犯罪である．

Statute of the International Tribunal
(改正後の名称は，Amended Statute of the International Criminal Tribunal for the former Yugoslavia)

Article 2: Grave breaches of the Geneva Conventions of 1949
The International Tribunal shall have the power to prosecute persons committing or ordering to be committed grave breaches of the Geneva Conventions of 12 August 1949, namely the following acts against persons or property protected under the provisions of the relevant Geneva Convention:
(a) wilful killing;
(b) torture or inhuman treatment, including biological experiments;
(c) wilfully causing great suffering or serious injury to body or health;
(d) extensive destruction and appropriation of property, not justified by military necessity and carried out unlawfully and wantonly;
(e) compelling a prisoner of war or a civilian to serve in the forces of a hostile power;
(f) wilfully depriving a prisoner of war or a civilian of the rights of fair and regular trial;

旧ユーゴ国際刑事裁判所(以下，ICTYという)設立規程

［全文：前文，1条～34条］

2条　1949年のジュネーヴ四条約の重大な違反の罪
裁判所は，1949年のジュネーヴ四条約の重大な違反の罪，すなわち，関連するジュネーヴ条約で保護された人又は物に対する次の行為を実行し又は命令した者を訴追する権限を有する．

（a）殺害
（b）生体実験を含む拷問その他の非人道的取り扱い
（c）身体若しくは健康に対して重大な苦痛又は重傷害を故意に与えること
（d）軍事上の必要によって正当化されない不法かつ恣意的な，財産の広範な破壊及び領得
（e）捕虜又は民間人を強制的に敵国の軍隊で服務させること
（f）捕虜又は民間人から公正で正式な裁判を受ける権利を意図的に奪うこと

(g) unlawful deportation or transfer or unlawful confinement of a civilian;
(h) taking civilians as hostages.

Article 3: Violations of the laws or customs of war

The International Tribunal shall have the power to prosecute persons violating the laws or customs of war. Such violations shall include, but not be limited to:
(a) employment of poisonous weapons or other weapons calculated to cause unnecessary suffering;
(b) wanton destruction of cities, towns or villages, or devastation not justified by military necessity;
(c) attack, or bombardment, by whatever means, of undefended towns, villages, dwellings, or buildings;
(d) seizure of, destruction or wilful damage done to institutions dedicated to religion, charity and education, the arts and sciences, historic monuments and works of art and science;
(e) plunder of public or private property.

Article 4: Genocide

1. The International Tribunal shall have the power to prosecute persons committing genocide as defined in paragraph 2 of this article or of committing any of the other acts enumerated in paragraph 3 of this article.

2. Genocide means any of the following acts committed with intent to destroy, in whole or in part, a national, ethnical, racial or religious group, as such:
(a) killing members of the group;
(b) causing serious bodily or mental harm to members of the group;

（g）民間人の不法な追放，移送，又は拘禁
（h）民間人を人質にとること

3条 戦争の法規及び慣習に違反する罪

裁判所は，戦争の法規及び慣習に違反した者を訴追する権限を有する．そのような違反には，次の行為が含まれるが，これらに限られない．

（a）有毒兵器又は不必要な苦痛を与える兵器の使用

（b）都市，町若しくは村の無差別的破壊，又は軍事的必要から正当化されない破壊

（c）手段の如何を問わず，無防備な町，住居若しくは建物の攻撃又は爆撃

（d）宗教，慈善，教育，芸術若しくは科学のための施設，歴史的記念物，又は芸術的若しくは科学的作品の接収，破壊，又は意図的な損傷

（e）公的又は私的財産の略奪

4条 ジェノサイドの罪

1. 裁判所は，本条2に規定するジェノサイドを犯した者，及び本条3に掲げられたその他の行為を犯した者を訴追する権限を有する．

2. ジェノサイドとは，国民的，民族的，人種的又は宗教的集団の全部又は一部を，集団として，破壊することを目的として犯される次の行為をいう．
（a）集団の構成員の殺害
（b）集団の構成員に対する肉体的又は精神的な重傷害

(c) deliberately inflicting on the group conditions of life calculated to bring about its physical destruction in whole or in part;
(d) imposing measures intended to prevent births within the group;
(e) forcibly transferring children of the group to another group.

3. The following acts shall be punishable:
(a) genocide;
(b) conspiracy to commit genocide;
(c) direct and public incitement to commit genocide;
(d) attempt to commit genocide;
(e) complicity in genocide.

Article 5: Crimes against humanity
The International Tribunal shall have the power to prosecute persons responsible for the following crimes when committed in armed conflict, whether international or internal in character, and directed against any civilian population:
(a) murder;
(b) extermination;
(c) enslavement;
(d) deportation;
(e) imprisonment;
(f) torture;
(g) rape;
(h) persecutions on political, racial and religious grounds;
(i) other inhumane acts.

Article 7: Individual criminal responsibility
1. A person who planned, instigated, ordered, committed or otherwise aided and abetted in the planning, prepara-

(c) 集団に対して、その全部又は一部に身体的破壊をもたらす生活条件を、意図的に課すこと
(d) 集団内の出生を防止するための措置を課すこと
(e) 集団の子供を他の集団に強制的に移送すること

3. 次の行為は刑罰を科される.
(a) ジェノサイド
(b) ジェノサイドの共謀
(c) 直接的かつ公然と行われるジェノサイドの煽動
(d) ジェノサイドの未遂
(e) ジェノサイドの従犯(教唆及び幇助)

5条 人道に反する罪
裁判所は、武力紛争中(国際的紛争か国内的紛争かを問わない)に、民間人に対して、次の行為を犯した者を訴追する権限を有する.

(a) 殺人
(b) 大量殺人
(c) 奴隷状態に置くこと
(d) 追放
(e) 拘禁
(f) 拷問
(g) 強姦
(h) 政治的,人種的又は宗教的な理由に基づく迫害
(i) その他の非人道的行為

7条 個人の刑事責任
1. 本規程2条から5条に掲げる罪の計画、教唆、命令、実行をした者、又はそれらの罪の計画、準備若しくは遂行の幇

tion or execution of a crime referred to in articles 2 to 5 of the present Statute, shall be individually responsible for the crime.

2. The official position of any accused person, whether as Head of State or Government or as a responsible Government official, shall not relieve such person of criminal responsibility nor mitigate punishment.

3. The fact that any of the acts referred to in articles 2 to 5 of the present Statute was committed by a subordinate does not relieve his superior of criminal responsibility if he knew or had reason to know that the subordinate was about to commit such acts or had done so and the superior failed to take the necessary and reasonable measures to prevent such acts or to punish the perpetrators thereof.

4. The fact that an accused person acted pursuant to an order of a Government or of a superior shall not relieve him of criminal responsibility, but may be considered in mitigation of punishment if the International Tribunal determines that justice so requires.

Rome Statute of International Criminal Court

Article 6: Genocide
For the purpose of this Statute, "genocide" means any of the following acts committed with intent to destroy, in whole or in part, a national, ethnical, racial or religious group, as such:

助をした者は，個人として刑事責任を負う．

2．元首，政府の長又は政府高官などの公的地位は，刑事責任を免れさせず，また責任を軽減しない．

3．本規程2条から5条に掲げる行為を部下が犯した場合において，上官は，部下が犯罪を犯そうとし又は犯したことを知り又は知ることができた場合において，事前に防止し又は事後に処罰するための必要かつ合理的な措置をとらなかったときは，刑事責任を免れない．

4．政府又は上官の命令に従ったという事実は，被告人の刑事責任を免れさせない．ただし，裁判所が適当と認めるときは，情状として考慮される．

国際刑事裁判所(以下，ICCという)**設立規程**
　　　　　［全文：前文，1条〜128条］
6条　ジェノサイドの罪
この規程の適用上，「ジェノサイド」とは，国民的，民族的，人種的又は宗教的な集団の全部又は一部を，集団として破壊する目的で行われる次の行為をいう．

(a) Killing members of the group;
(b) Causing serious bodily or mental harm to members of the group;
(c) Deliberately inflicting on the group conditions of life calculated to bring about its physical destruction in whole or in part;
(d) Imposing measures intended to prevent births within the group;
(e) Forcibly transferring children of the group to another group.

Article 7: Crimes against humanity
1. For the purpose of this Statute, "crime against humanity" means any of the following acts when committed as part of a widespread or systematic attack directed against any civilian population, with knowledge of the attack:
(a) Murder;
(b) Extermination;
(c) Enslavement;
(d) Deportation or forcible transfer of population;
(e) Imprisonment or other severe deprivation of physical liberty in violation of fundamental rules of international law;
(f) Torture;
(g) Rape, sexual slavery, enforced prostitution, forced pregnancy, enforced sterilization, or any other form of sexual violence of comparable gravity;
(h) Persecution against any identifiable group or collectivity on political, racial, national, ethnic, cultural, religious, gender as defined in paragraph 3, or other grounds that are universally recognized as impermissible under international law, in connection with any act referred to in this paragraph or

（a）集団の構成員の殺害
（b）集団の構成員に対する肉体的又は精神的な重傷害
（c）集団に対して，その全部又は一部に身体的破壊をもたらす生活条件を，意図的に課すこと
（d）集団内の出生を防止するための措置を課すこと
（e）集団の子供を他の集団に強制的に移すこと

7条　人道に反する罪
1．この規程の適用上,「人道に反する罪」とは，民間人に対する広範又は組織的な攻撃の一部として，当該攻撃を知って行われる次の行為をいう．

（a）殺人
（b）大量殺人
（c）奴隷状態に置くこと
（d）住民の国外追放又は強制移送
（e）国際法の基本的な原則に違反した拘禁又は身体的自由の剥奪
（f）拷問
（g）強姦，性的奴隷，強制売春，強制妊娠，強制不妊，又はこれらと同様の重大なその他の形の性的暴力
（h）政治的，人種的，国民的，民族的，文化的，宗教的，又は3に定義される意味での性的な理由，及び国際法の下で許容されないと普遍的に認められるその他の理由で他と区別できる団体若しくは集団に対する迫害であって，この項に規定される行為のいずれか又はICCの管轄に属する犯罪のいずれかに関連するもの

any crime within the jurisdiction of the Court;
(i) Enforced disappearance of persons;
(j) The crime of apartheid;
(k) Other inhumane acts of a similar character intentionally causing great suffering, or serious injury to body or to mental or physical health.

2. For the purpose of paragraph 1:
(a) "Attack directed against any civilian population" means a course of conduct involving the multiple commission of acts referred to in paragraph 1 against any civilian population, pursuant to or in furtherance of a State or organizational policy to commit such attack;
(b) "Extermination" includes the intentional infliction of conditions of life, inter alia the deprivation of access to food and medicine, calculated to bring about the destruction of part of a population;
(c) "Enslavement" means the exercise of any or all of the powers attaching to the right of ownership over a person and includes the exercise of such power in the course of trafficking in persons, in particular women and children;
(d) "Deportation or forcible transfer of population" means forced displacement of the persons concerned by expulsion or other coercive acts from the area in which they are lawfully present, without grounds permitted under international law;
(e) "Torture" means the intentional infliction of severe pain or suffering, whether physical or mental, upon a person in the custody or under the

（ⅰ）強制失踪
（ｊ）アパルトヘイトの罪
（ｋ）重大な苦痛，又は身体，精神若しくは肉体的健康に重大な傷害を，意図的にもたらす類似の性格のその他の非人道的行為

2．1の適用上，
（ａ）「民間人に対して行われる攻撃」とは，1に掲げる行為を複数行うことを含む一連の行為であって，国家若しくは組織のそのような攻撃を行う政策に従い，又は推進するため，民間人に対して行われる攻撃をいう．

（ｂ）「大量殺人」とは，住民の一部の破壊をもたらすよう意図された生活条件（特に，食糧及び医薬品を入手できないようにする）を故意に課すことを含む．

（ｃ）「奴隷状態に置くこと」とは，所有権に伴ういくつかの又はすべての権限を人に対して行使することをいい，人身（特に，女性及び児童）売買の過程で，そのような権限を行使することを含む．

（ｄ）「住民の国外追放又は強制移送」とは，国際法の下で認められた理由に基づかないで，追い出すこと，又はその他の強制行為により居住者を合法的にいる場所から退去させることをいう．

（ｅ）「拷問」とは，収監中又は被告人の立場にある者に対し，肉体的か精神的かを問わず，激しい苦痛若しくは苦悩を意図的に加えることをいう．ただし，拷問

control of the accused; except that torture shall not include pain or suffering arising only from, inherent in or incidental to, lawful sanctions;
(f) "Forced pregnancy" means the unlawful confinement of a woman forcibly made pregnant, with the intent of affecting the ethnic composition of any population or carrying out other grave violations of international law. This definition shall not in any way be interpreted as affecting national laws relating to pregnancy;
(g) "Persecution" means the intentional and severe deprivation of fundamental rights contrary to international law by reason of the identity of the group or collectivity;
(h) "The crime of apartheid" means inhumane acts of a character similar to those referred to in paragraph 1, committed in the context of an institutionalized regime of systematic oppression and domination by one racial group over any other racial group or groups and committed with the intention of maintaining that regime;
(i) "Enforced disappearance of persons" means the arrest, detention or abduction of persons by, or with the authorization, support or acquiescence of, a State or a political organization, followed by a refusal to acknowledge that deprivation of freedom or to give information on the fate or whereabouts of those persons, with the intention of removing them from the protection of the law for a prolonged period of time.

3. For the purpose of this Statute, it is understood that the term "gender" refers to the two sexes, male and

には，合法的制裁からのみ生じ，それに固有の又はそれに付随する苦痛若しくは苦悩を含まない．
(f)「強制妊娠」とは，住民の民族構成に影響を与え，又はその他の国際法の重大な違反を行う目的で，強制的に妊娠させられた女性に不法出産させることをいう．この定義は，妊娠に関する国内法に影響を与えるように解釈してはならない．

(g)「迫害」とは，団体若しくは集団のアイデンティティを理由として，国際法に反して，意図的かつ過酷に基本的人権を剥奪することをいう．
(h)「アパルトヘイトの罪」とは，組織的な抑圧と支配の体制の中で，同体制を維持する目的で，一つの集団によって他の一つ又は複数の人種集団に対して行われる，1に定めるものに類似する性格を有する非人道的行為をいう．

(i)「強制失踪」とは，国家若しくは政治的組織によって，又はそれらの公認，支援若しくは黙認を得て行われる，人の逮捕，拘禁若しくは誘拐であって，長期間，法による保護を受けさせない目的で，自由を剥奪していることを認めることを拒否し，又はその者の状況若しくは居所についての情報を与えることを拒否することを伴うものをいう．

3．本規程の適用上，「性」という用語は，社会における二つの性，男性及び女性をいう．「性」という用語は，これと異な

female, within the context of society. The term "gender" does not indicate any meaning different from the above.

Article 8: War crimes
1. The Court shall have jurisdiction in respect of war crimes in particular when committed as part of a plan or policy or as part of a large-scale commission of such crimes.

2. For the purpose of this Statute, "war crimes" means:
(a) Grave breaches of the Geneva Conventions of 12 August 1949, namely, any of the following acts against persons or property protected under the provisions of the relevant Geneva Convention:
　(i) Wilful killing;
　(ii) Torture or inhuman treatment, including biological experiments;
　(iii) Wilfully causing great suffering, or serious injury to body or health;
　(iv) Extensive destruction and appropriation of property, not justified by military necessity and carried out unlawfully and wantonly;
　(v) Compelling a prisoner of war or other protected person to serve in the forces of a hostile Power;
　(vi) Wilfully depriving a prisoner of war or other protected person of the rights of fair and regular trial;
　(vii) Unlawful deportation or transfer or unlawful confinement;
　(viii) Taking of hostages.
(b) Other serious violations of the laws and customs applicable in international armed conflict, within the established framework of international law, namely, any of the following acts:

る如何なる意味も示すものではない.

8条　戦争犯罪
1. ICCは，戦争犯罪が，特に，計画若しくは政策の一環として行われた場合，又は大規模なものの一環として行われた場合について管轄権を有する.

2. この規定の適用上,「戦争犯罪」とは，次のものをいう.
（a）1949年8月12日のジュネーヴ四条約に対する重大な違反行為，すなわち，ジュネーヴ条約の諸規定の下で保護される人又は物に対して行われる次のいずれかの行為
（ⅰ）殺人
（ⅱ）拷問又は生物実験を含む非人道的取り扱い
（ⅲ）身体若しくは健康に対して重大な苦痛又は重傷害を故意に与えること
（ⅳ）軍事上の必要によって正当化されない不法かつ恣意的な，財産の広範な破壊及び領得
（ⅴ）捕虜その他の被保護者を強制して敵国の軍隊で服務させること
（ⅵ）捕虜その他の被保護者から，意図的に，公正かつ正式な裁判を受ける権利を奪うこと
（ⅶ）不法な追放，移送又は拘禁
（ⅷ）人質にすること
（b）既存の国際法の枠内で，国際的武力紛争に適用可能な法規及び慣例に対する，その他の重大な違反，すなわち，次のいずれかの行為

(i) Intentionally directing attacks against the civilian population as such or against individual civilians not taking direct part in hostilities;
(ii) Intentionally directing attacks against civilian objects, that is, objects which are not military objectives;
(iii) Intentionally directing attacks against personnel, installations, material, units or vehicles involved in a humanitarian assistance or peacekeeping mission in accordance with the Charter of the United Nations, as long as they are entitled to the protection given to civilians or civilian objects under the international law of armed conflict;
(iv) Intentionally launching an attack in the knowledge that such attack will cause incidental loss of life or injury to civilians or damage to civilian objects or widespread, long-term and severe damage to the natural environment which would be clearly excessive in relation to the concrete and direct overall military advantage anticipated;
(v) Attacking or bombarding, by whatever means, towns, villages, dwellings or buildings which are undefended and which are not military objectives;
(vi) Killing or wounding a combatant who, having laid down his arms or having no longer means of defence, has surrendered at discretion;
(vii) Making improper use of a flag of truce, of the flag or of the military insignia and uniform of the enemy or of the United Nations, as well as of the distinctive emblems of the

（ⅰ）集団としての民間人又は敵対行為に直接参加していない個人の民間人を故意に狙った攻撃

（ⅱ）民用物,すなわち,軍事目標でないものを故意に狙った攻撃

（ⅲ）人道支援又は国際連合憲章に基づく平和維持活動に係わる要員，施設，資材，装置若しくは車両（武力紛争に関する国際法の下で民間人又は民用物に与えられる保護の権利を有するものに限る）を故意に狙った攻撃

（ⅳ）予期される具体的かつ直接的な全体としての軍事的利益との比較において，明らかに過度な民間人の死亡若しくは傷害，民用物への損害，又は自然環境への広範で長期的かつ深刻な損害が付随的に発生するのを知りながら，故意に攻撃すること

（ⅴ）いかなる手段にせよ，防守されていない軍事目標でない都市，村落，住宅若しくは建物を攻撃又は砲撃すること

（ⅵ）自らの意思により投降した，武器を放棄し若しくはもはや防衛手段を持たない戦闘員に対する殺人又は傷害

（ⅶ）休戦旗，敵国又は国際連合の旗，軍事徽章若しくは制服，及びジュネーヴ条約に定める特殊標章を不正に使用し，死亡又は深刻な損害をその結果としてもたらすこと

Geneva Conventions, resulting in death or serious personal injury;
(viii) The transfer, directly or indirectly, by the Occupying Power of parts of its own civilian population into the territory it occupies, or the deportation or transfer of all or parts of the population of the occupied territory within or outside this territory;
(ix) Intentionally directing attacks against buildings dedicated to religion, education, art, science or charitable purposes, historic monuments, hospitals and places where the sick and wounded are collected, provided they are not military objectives;
(x) Subjecting persons who are in the power of an adverse party to physical mutilation or to medical or scientific experiments of any kind which are neither justified by the medical, dental or hospital treatment of the person concerned nor carried out in his or her interest, and which cause death to or seriously endanger the health of such person or persons;
(xi) Killing or wounding treacherously individuals belonging to the hostile nation or army;
(xii) Declaring that no quarter will be given;
(xiii) Destroying or seizing the enemy's property unless such destruction or seizure be imperatively demanded by the necessities of war;
(xiv) Declaring abolished, suspended or inadmissible in a court of law the rights and actions of the nationals of the hostile party;
(xv) Compelling the nationals of the hostile party to take part in the

(viii) 占領国が，自国の民間人たる住民の一部を占領地域に直接若しくは間接的に移住させること，又は占領地域の住民のすべて若しくは一部を，占領地域の中若しくは外に追放又は移住させること

(ix) 宗教，教育，芸術，科学若しくは慈善目的に供される建物，歴史的建造物，病院及び傷病者が収容される場所を，それらが軍事目標でない場合に，故意に狙って攻撃すること

(x) 敵対当事者の勢力下にある者に対し，その者の身体を切断すること又はその者に対する医学，歯学若しくは医療上の治療として正当化されず，かつその者の利益のために行われない医学的若しくは科学的実験であって，当該者の死亡をもたらし若しくは健康を著しく危うくするもの

(xi) 敵対する国又は軍隊に属する個人を背信的(裏切り的)に殺害すること

(xii) 助命は許されないことを宣言すること

(xiii) 戦争の必要上やむを得ない場合を除いて，敵の財産を破壊し又は接収すること

(xiv) 敵対国の国民の権利及び訴訟行為について，消滅，停止又は裁判上不受理の宣言をすること

(xv) 敵対国の国民を強制して自国に対する作戦に参加させること(戦争開

operations of war directed against their own country, even if they were in the belligerent's service before the commencement of the war;

(xvi) Pillaging a town or place, even when taken by assault;

(xvii) Employing poison or poisoned weapons;

(xviii) Employing asphyxiating, poisonous or other gases, and all analogous liquids, materials or devices;

(xix) Employing bullets which expand or flatten easily in the human body, such as bullets with a hard envelope which does not entirely cover the core or is pierced with incisions;

(xx) Employing weapons, projectiles and material and methods of warfare which are of a nature to cause superfluous injury or unnecessary suffering or which are inherently indiscriminate in violation of the international law of armed conflict, provided that such weapons, projectiles and material and methods of warfare are the subject of a comprehensive prohibition and are included in an annex to this Statute, by an amendment in accordance with the relevant provisions set forth in articles 121 and 123;

(xxi) Committing outrages upon personal dignity, in particular humiliating and degrading treatment;

(xxii) Committing rape, sexual slavery, enforced prostitution, forced pregnancy, as defined in article 7, paragraph 2(f), enforced sterilization, or any other form of sexual violence also constituting a grave

始前に戦闘員の役務に服していた場合を含む)

(xvi) 急襲によって攻取した場合も含めて, 都市その他の地域から略奪すること

(xvii) 毒又は毒を施した兵器を用いること

(xviii) 窒息性, 毒性その他のガス及び類似のすべての液体, 物質又は装置を用いること

(xix) 人体内で容易に開展し又は扁平になる弾丸, 例えば, 硬い外包の弾丸であって, 外包が中心をすべて包んでいなかったり又は切り込みがある弾丸を用いること

(xx) その性質上過度の傷害若しくは不必要な苦痛を与え, 又は武力紛争に関する国際法に本質的に違反している兵器, 投射物, 機材及び戦争の手段を用いること(これらが, 包括的に禁止されている場合, 及び121条と123条で定められた関連規定に従って行われる改正により, 本規程の付属書に含まれる場合に限る)

(xxi) 個人の尊厳に対する侵害, 特に, 侮辱的で品位を汚す取り扱い

(xxii) 強姦, 性的奴隷, 強制売春, 7条2(f)に定義するような強制妊娠, 強制不妊, 又はジュネーヴ四条約の重大な違反となるその他の性的暴力

breach of the Geneva Conventions;
(xxiii) Utilizing the presence of a civilian or other protected person to render certain points, areas or military forces immune from military operations;
(xxiv) Intentionally directing attacks against buildings, material, medical units and transport, and personnel using the distinctive emblems of the Geneva Conventions in conformity with international law;
(xxv) Intentionally using starvation of civilians as a method of warfare by depriving them of objects indispensable to their survival, including wilfully impeding relief supplies as provided for under the Geneva Conventions;
(xxvi) Conscripting or enlisting children under the age of fifteen years into the national armed forces or using them to participate actively in hostilities.
(c) In the case of an armed conflict not of an international character, serious violations of article 3 common to the four Geneva Conventions of 12 August 1949, namely, any of the following acts committed against persons taking no active part in the hostilities, including members of armed forces who have laid down their arms and those placed hors de combat by sickness, wounds, detention or any other cause:
  (i) Violence to life and person, in particular murder of all kinds, mutilation, cruel treatment and torture;
  (ii) Committing outrages upon personal dignity, in particular humiliating and degrading treatment;
  (iii) Taking of hostages;

(xxiii) ある場所，地域又は軍隊を，軍事作戦行動から免れさせるため，民間人又は他の被保護者の存在を利用すること

(xxiv) 国際法に従って，ジュネーヴ四条約にある明確な標章を用いている建物，機材，医療器具，車両及び要員を故意に狙った攻撃

(xxv) ジュネーヴ四条約の下での救援物資の供給を故意に妨害することを含め，生活に欠くことのできない物を奪取することにより，戦争の方法として，民間人の餓死を故意に利用すること

(xxvi) 15歳未満の児童を徴兵若しくは志願兵として国軍に入隊させること又は敵対行為に直接参加させること

(c) 国際的性質を有しない武力紛争の場合には，1949年8月12日のジュネーヴ四条約の共通3条の重大な違反，すなわち，敵対行為に直接参加していない者（武器を放棄した軍隊の構成員及び病気，負傷，抑留若しくはその他の理由により戦闘を離れた者を含む）に対する次のいずれかの行為

（i）生命及び身体に対する暴行，特に，あらゆる種類の殺人，四肢の切断，虐待及び拷問
（ii）個人の尊厳に対する侵害，特に，侮辱的で品位を汚す取り扱い

（iii）人質にすること

(iv) The passing of sentences and the carrying out of executions without previous judgement pronounced by a regularly constituted court, affording all judicial guarantees which are generally recognized as indispensable.

(d) Paragraph 2(c) applies to armed conflicts not of an international character and thus does not apply to situations of internal disturbances and tensions, such as riots, isolated and sporadic acts of violence or other acts of a similar nature.

(e) Other serious violations of the laws and customs applicable in armed conflicts not of an international character, within the established framework of international law, namely, any of the following acts:

(i) Intentionally directing attacks against the civilian population as such or against individual civilians not taking direct part in hostilities;

(ii) Intentionally directing attacks against buildings, material, medical units and transport, and personnel using the distinctive emblems of the Geneva Conventions in conformity with international law;

(iii) Intentionally directing attacks against personnel, installations, material, units or vehicles involved in a humanitarian assistance or peacekeeping mission in accordance with the Charter of the United Nations, as long as they are entitled to the protection given to civilians or civilian objects under the international law of armed conflict;

(iv) Intentionally directing attacks against buildings dedicated to religion, education, art, science or chari-

(iv) 一般に不可欠と認められているすべての裁判上の保障を与えられた,正規に構成された裁判所による裁判によらない判決の言渡し及び刑の執行

(d) 2(c)は,国際的性質を有しない武力紛争に適用するが,暴動のような国内的騒擾及び緊張の事態,孤立した散発的な暴力行為,及びその他類似の性質を有する行為には適用しない.

(e) 確立した国際法の枠内で,国際的性質を有しない武力紛争に適用可能な法規及び慣例のその他の重大な違反,すなわち,次の行為

(i) 全体としての民間人,又は敵対行為に直接参加していない個人の民間人を故意に狙った攻撃

(ii) 国際法に従って,ジュネーヴ四条約にある明確な標章を用いている建物,機材,医療器具,車両及び要員を故意に狙った攻撃

(iii) 人道支援又は国際連合憲章に基づく平和維持活動に係わる要員,施設,機材,装置若しくは車両(武力紛争に関する国際法の下で民間人又は民用物に与えられる保護の権利を有するものに限る)を故意に狙った攻撃

(iv) 宗教,教育,芸術,科学若しくは慈善目的に供される建物,歴史的建造物,病院及び傷病者が収容される場

table purposes, historic monuments, hospitals and places where the sick and wounded are collected, provided they are not military objectives;
(v) Pillaging a town or place, even when taken by assault;

(vi) Committing rape, sexual slavery, enforced prostitution, forced pregnancy, as defined in article 7, paragraph 2(f), enforced sterilization, and any other form of sexual violence also constituting a serious violation of article 3 common to the four Geneva Conventions;
(vii) Conscripting or enlisting children under the age of fifteen years into armed forces or groups or using them to participate actively in hostilities;
(viii) Ordering the displacement of the civilian population for reasons related to the conflict, unless the security of the civilians involved or imperative military reasons so demand;
(ix) Killing or wounding treacherously a combatant adversary;
(x) Declaring that no quarter will be given;
(xi) Subjecting persons who are in the power of another party to the conflict to physical mutilation or to medical or scientific experiments of any kind which are neither justified by the medical, dental or hospital treatment of the person concerned nor carried out in his or her interest, and which cause death to or seriously endanger the health of such person or persons;
(xii) Destroying or seizing the property of an adversary unless such

所を，それらが軍事目標でない場合に，故意に狙って攻撃すること

（ⅴ）急襲によって攻取した場合も含めて，都市その他の地域から略奪すること

（ⅵ）強姦，性的奴隷，強制売春，7条2(f)に定義するような強制妊娠，強制不妊，又はジュネーヴ四条約の重大な違反となるその他の性的暴力

（ⅶ）15歳未満の児童を徴兵若しくは志願兵として国軍に入隊させること又は敵対行為に直接参加させること

（ⅷ）民間人の安全又は軍事的にやむを得ない理由がある場合を除き，紛争に関連する理由で民間人を移住させること

（ⅸ）敵対する国又は軍隊に属する個人を背信的(裏切り的)に殺害すること
（ⅹ）助命は許されないことを宣言すること
（ⅺ）敵対当事者の勢力下にある者に対し，その者の身体を切断すること又はその者に対する医学，歯学若しくは医療上の治療として正当化されず，かつその者の利益のために行われない医学的若しくは科学的実験であって，当該者の死亡をもたらし若しくは健康を著しく危うくするもの

（ⅻ）戦争の必要上やむを得ない場合を除いて，敵の財産を破壊し又は接収

destruction or seizure be imperatively demanded by the necessities of the conflict;

(f) Paragraph 2(e) applies to armed conflicts not of an international character and thus does not apply to situations of internal disturbances and tensions, such as riots, isolated and sporadic acts of violence or other acts of a similar nature. It applies to armed conflicts that take place in the territory of a State when there is protracted armed conflict between governmental authorities and organized armed groups or between such groups.

3. Nothing in paragraph 2(c) and (e) shall affect the responsibility of a Government to maintain or re-establish law and order in the State or to defend the unity and territorial integrity of the State, by all legitimate means.

Article 25: Individual criminal responsibility

1. The Court shall have jurisdiction over natural persons pursuant to this Statute.

2. A person who commits a crime within the jurisdiction of the Court shall be individually responsible and liable for punishment in accordance with this Statute.

3. In accordance with this Statute, a person shall be criminally responsible and liable for punishment for a crime within the jurisdiction of the Court if that person:
(a) Commits such a crime, whether as an individual, jointly with another or through another person, regardless of

すること

（f) 2(e)は，国際的性質を有しない武力紛争に適用するが，暴動のような国内的騒擾及び緊張の事態，孤立した散発的な暴力行為，及びその他類似の性質を有する行為には適用しない．2(e)は，政府当局と組織された武力集団との間，又は組織された武力集団間に，長期化した武力紛争がある場合には，国家の領域内で起こる武力紛争にも適用する．

3．2(c)及び(e)は，国家の責任，つまり，国内の法秩序を維持し若しくは立て直し，又は国の統一性及び領域的統合を守るべき責任に影響を与えるものではない．

25条 個人の刑事責任

1．ICCは，この規程に従って，自然人に対して管轄権を有する．

2．ICCの管轄に属する犯罪を犯した者は，この規程に従って，個人として責任を負い，刑罰を科される．

3．人は，次の行為を行った場合には，この規程に従って，ICCの管轄に属する犯罪について刑事責任を負い，刑罰を科される．
（a）自ら直接，又は他人と共同して若しくは他人を介して，犯罪を実行する場合（当該他人が刑事責任を負うか否かに

whether that other person is criminally responsible;
(b) Orders, solicits or induces the commission of such a crime which in fact occurs or is attempted;
(c) For the purpose of facilitating the commission of such a crime, aids, abets or otherwise assists in its commission or its attempted commission, including providing the means for its commission;
(d) In any other way contributes to the commission or attempted commission of such a crime by a group of persons acting with a common purpose. Such contribution shall be intentional and shall either:
  (i) Be made with the aim of furthering the criminal activity or criminal purpose of the group, where such activity or purpose involves the commission of a crime within the jurisdiction of the Court; or
  (ii) Be made in the knowledge of the intention of the group to commit the crime;
(e) In respect of the crime of genocide, directly and publicly incites others to commit genocide;
(f) Attempts to commit such a crime by taking action that commences its execution by means of a substantial step, but the crime does not occur because of circumstances independent of the person's intentions. However, a person who abandons the effort to commit the crime or otherwise prevents the completion of the crime shall not be liable for punishment under this Statute for the attempt to commit that crime if that person completely and voluntarily gave up the criminal

かかわらない）

（b）犯罪の実行を命令し、教唆した場合において、当該犯罪が実行（既遂及び未遂）された場合

（c）犯罪の実行を容易にするのを目的として、当該犯罪の実行（既遂及び未遂）を物質的若しくは精神的に幇助し、又はその他の方法で援助する場合（犯罪実行手段を提供する場合を含む）

（d）共通の目的をもって活動する集団が行う犯罪の実行（既遂及び未遂）に、その他の方法で加担する場合。この加担は故意になされ、かつ、次のいずれかに該当するものでなければならない．

（ⅰ）当該集団の犯罪行為又は犯罪目的がICCの管轄に属する犯罪の実行を含む場合に、その犯罪行為又は犯罪目的を助長推進する目的で加担するとき

（ⅱ）当該集団が犯罪を実行する意図を有していることを知りながら（筆者注：実行犯の犯意を認識し）、加担する（筆者注：認容する）とき

（e）ジェノサイドの罪については、直接かつ公然とジェノサイドの実行を他人に煽動するとき

（f）実質的な手段をとって犯罪の実行に着手する行動を起こした未遂において、犯人の意図から独立した事情によって犯罪が発生しないとき．ただし、犯人が犯罪の遂行を中止し、又は犯罪を未然に防止する場合において、犯人が完全かつ自発的に犯行の意図を放棄する場合には、当該犯罪の未遂について、本規程の下では刑罰を科されない．

purpose.

4. No provision in this Statute relating to individual criminal responsibility shall affect the responsibility of States under international law.

Article 27: Irrelevance of official capacity
1. This Statute shall apply equally to all persons without any distinction based on official capacity. In particular, official capacity as a Head of State or Government, a member of a Government or parliament, an elected representative or a government official shall in no case exempt a person from criminal responsibility under this Statute, nor shall it, in and of itself, constitute a ground for reduction of sentence.

2. Immunities or special procedural rules which may attach to the official capacity of a person, whether under national or international law, shall not bar the Court from exercising its jurisdiction over such a person.

Article 28: Responsibility of commanders and other superiors
In addition to other grounds of criminal responsibility under this Statute for crimes within the jurisdiction of the Court:

(a) A military commander or person effectively acting as a military commander shall be criminally responsible for crimes within the jurisdiction of the Court committed by forces under his or her effective command and control, or effective authority and control as the case may be, as a result of his or her

4．個人の刑事責任に係る本規程のいかなる条項も，国際法の下での国家の責任に影響を与えるものではない．

27条　公的資格(筆者注：と刑事責任)の無関係性
1．本規程は，公的資格によるいかなる区別もなく，あらゆる人に平等に適用される．特に，国家元首又は政府の長，政府又は議会の一員，選出された代表あるいは政府職員としての公的資格は，いかなる場合でも，本規程の下での個人の刑事責任を免除せず，かつ，それだけでは減軽事由にならない．

2．公的資格に付与された特権又は特別手続き規則は，それが国内法か国際法かを問わず，当該者に対するICCの管轄権行使を妨げない．

28条　司令官及び他の上官の責任

本規程の下での，ICCの管轄に属する犯罪に対する，刑事責任についての他の事由に加え，

(a)　軍事司令官又は実質的に軍事司令官として行動する者(以下，軍事司令官等という)は，その実効的な指揮若しくは管理，又は状況に応じて実効的な権限若しくは管理の下にある軍隊が，軍事司令官等が当該軍隊に対して適切な管理を行わなかった結果として，ICCの管轄に属する犯罪を犯したとき，以下の場合に，

failure to exercise control properly over such forces, where:
　(i) That military commander or person either knew or, owing to the circumstances at the time, should have known that the forces were committing or about to commit such crimes; and
　(ii) That military commander or person failed to take all necessary and reasonable measures within his or her power to prevent or repress their commission or to submit the matter to the competent authorities for investigation and prosecution.

(b) With respect to superior and subordinate relationships not described in paragraph (a), a superior shall be criminally responsible for crimes within the jurisdiction of the Court committed by subordinates under his or her effective authority and control, as a result of his or her failure to exercise control properly over such subordinates, where:
　(i) The superior either knew, or consciously disregarded information which clearly indicated, that the subordinates were committing or about to commit such crimes;
　(ii) The crimes concerned activities that were within the effective responsibility and control of the superior; and
　(iii) The superior failed to take all necessary and reasonable measures within his or her power to prevent or repress their commission or to submit the matter to the competent authorities for investigation and prosecution.

刑事責任を負う．
　（ⅰ）軍事司令官等が，管理下の軍隊が犯罪を行っている又は行おうとしていることを知っていた，又は当時の具体的状況から当然知り得べきときで，かつ
　（ⅱ）軍事司令官等が，当該軍隊の犯罪の実行を防止し若しくは抑圧するために，又は捜査若しくは訴追のため事件を権限ある当局に付託するために，その権限内の，必要かつ合理的な，あらゆる措置をとらなかった場合

（b）（a）に規定された上官と部下の関係以外の上官は，適切な管理を行わなかった結果として，当該上官の実効的な権限又は管理の下にある部下が，ICCの管轄に属する犯罪を犯したとき，以下の場合に刑事責任を負う．
　（ⅰ）上官が，部下が犯罪を行っている又は行おうとしていることを知っていたとき，あるいはそのような事実を明らかに示唆する情報を意図的に無視したときで，
　（ⅱ）犯罪が，上官の実質的な責任と管理に属する活動に関連しており，かつ
　（ⅲ）上官が，部下の犯罪の実行を防止し若しくは抑圧するために，又は捜査若しくは訴追のため事件を権限ある当局に付託するために，その権限内の，必要かつ合理的な，あらゆる措置をとらなかった場合

Article 33: Superior orders and prescription of law

1. The fact that a crime within the jurisdiction of the Court has been committed by a person pursuant to an order of a Government or of a superior, whether military or civilian, shall not relieve that person of criminal responsibility unless:
(a) The person was under a legal obligation to obey orders of the Government or the superior in question;
(b) The person did not know that the order was unlawful; and
(c) The order was not manifestly unlawful.

2. For the purposes of this article, orders to commit genocide or crimes against humanity are manifestly unlawful.

33条 上官命令及び法令上の義務

1．政府の命令，又は軍人と文民とを問わず上官の命令に従って，人がICCの管轄に属する犯罪を犯したという事実は，以下のすべての条件を満たす場合を除き，当該人の刑事責任を免責しない．

（a）当該人が，政府又は上官の命令に従うべき法的義務(筆者注：道徳的義務では足りない)を負っているとき
（b）当該人が，命令が違法であることを知らないとき，かつ
（c）命令が明らかに違法でないとき

2．本条の適用上，ジェノサイドの罪又は人道に反する罪を犯すべき命令は，明らかに違法である．

条文索引

ヴェルサイユ条約
    227 条　3, 126
    228 条　3, 4, 127
    229 条　3, 127
    230 条　3
1949 年のジュネーヴ四条約共通 3 条
    66-68, 94
1949 年のジュネーヴ条約 I
    13 条　62
    19 条　62
    24 条　62
    25 条　62
    26 条　62
    33 条　62
    34 条　62
    35 条　62
    49 条　66, 125
    50 条　62
1949 年のジュネーヴ条約 II
    13 条　63
    22 条　63
    24 条　63
    25 条　63
    27 条　63
    36 条　63
    37 条　63
    50 条　66, 125
    51 条　62
1949 年のジュネーヴ条約 III
    4 条　63
    129 条　66, 113, 125
    130 条　62, 112
1949 年のジュネーヴ条約 IV
    4 条　63
    18 条　63
    19 条　63
    20 条　63
    21 条　63
    22 条　63

    33 条　63, 77
    53 条　63
    57 条　63
    146 条　66, 113, 125
    147 条　62, 113
1977 年のジュネーヴ条約追加議定書 I
    51 条　76-78
    57 条　27, 30, 70
    58 条　27, 70
    86 条　111, 113, 114
    87 条　114
1977 年のジュネーヴ条約追加議定書 II
    13 条　76, 77
ジェノサイド禁止条約
    2 条　83
    3 条　83
    6 条　125
戦争犯罪及び人道に反する罪についての
時効不適用に関する 1968 年の条約
    2 条　113
ニュルンベルク条例
    6 条　64
    9 条　107
    10 条　107
    11 条　107
ハーグ陸戦法規付属規則
    1 条　112
    23 条　64
    25 条　64
    27 条　64
    28 条　64
    43 条　112
    46 条　64
    50 条　64
    52 条　64
    56 条　64
1961 年の外交関係に関する
ウィーン条約
    29 条　129, 130

31条　129, 130
　　39条　129, 131
1969年12月8日の特別使節についての
ニューヨーク条約
　　21条　129, 133
ICTY Statute
　　1条　67
　　2条　24, 62, 63, 65-69, 73, 75, 94-97
　　3条　24, 27, 63, 65-70, 73, 75, 76, 94-97
　　4条　24, 83, 93, 96
　　5条　24, 27, 75, 81, 82, 94-97
　　7条　93, 101, 108, 121, 122, 124, 134

　　21条1項　24
ICC Statute
　　5条　100
　　6条　83, 97
　　7条　82, 83, 97
　　8条　65, 68, 69, 97
　　16条　25, 53
　　25条　101, 106
　　27条　124
　　28条　108
　　33条　134, 135
　　98条　55-57
　　121条　54
　　124条　54, 69

■岩波オンデマンドブックス■

戦争犯罪と法

   2006 年 12 月 5 日 第 1 刷発行
   2015 年 7 月 10 日 オンデマンド版発行

著 者 多谷千香子（たやちかこ）

発行者 岡 本　厚

発行所 株式会社 岩波書店
   〒 101-8002 東京都千代田区一ツ橋 2-5-5
   電話案内 03-5210-4000
   http://www.iwanami.co.jp/

印刷／製本・法令印刷

© Chikako Taya 2015
ISBN 978-4-00-730231-2 Printed in Japan